DEVOLVIENDO EL ALMA AL MUNDO YOREME

LA DANZA DEL VENADO

CARLOS JAVIER BORBON ALVAREZ

DEVOLVIENDO EL ALMA AL MUNDO YOREME

LA DANZA DEL VENADO

Carlos Javier Borbón Álvarez

El escritor
© Carlos Javier Borbón Álvarez
Contacto: carlosbuichia1973@gmail.com
Cel.:6623520973 WhatsApp.
Ilustración: Jesús Gilberto Buitimea Estrella
Primera edición. 2021
Segunda edición. 2024

Reservados todos los derechos. Salvo excepción prevista por la ley, no se permite la reproducción total o parcial de esta obra, ni su incorporación a un sistema informático, ni su transmisión en cualquier forma o por cualquier medio (electrónico, mecánico, fotocopia, grabación u otros) sin autorización previa y por escrito de los titulares del copyright. La infracción de dichos derechos conlleva sanciones legales y puede constituir un delito contra la propiedad intelectual.

Diríjase a: 6471017377 WhatsApp.

Tú sabes que estoy esperando el retorno de la luna, para poder regresar a mi hogar, para poder visitar a mi gente y escuchar todos sus relatos, para poder escuchar las historias que cuentan. La gente de la llanura escucha las historias de quienes viven lejos… y yo puedo sentarme al sol, sentarme a escuchar las historias que vienen de ahí, historias que vienen de lejos. Porque una historia es como el viento: viene de un lugar lejano, y la sentimos.

Kabbo el bosquimano.

Agradecimiento

A todos los canta-venados, danzantes de venado y Artesanos de la Nación Yoreme.

A mis padres:
Isidro Borbón Yocupicio y Bertha A. Alvarez Melendrez

A mi prima hermana: Catalina Yolanda Alcantar Borbón

Agradecimientos a:

Nicolás Valenzuela Sujja +
Gregorio Seboa Espinoza
Abel A. Ramírez Torres
Joaquín Zambrano Valenzuela
Prof. Daniel Valenzuela Álvarez
Celedonia Valenzuela Buitimea
Leonel Flores Magallanes
Refugio H. Ruíz Quintero

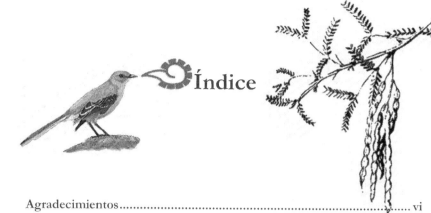

Índice

Agradecimientos vi

Prólogo viii

El inicio de la historia 1

Las transformaciones 3

Historia de la rana y el sapo 12

La muerte del venado 25

Creación de las sonajas 33

El Jítëbery visita a Yöyomoli 35

El encuentro con el Dios del fuego 47

De nuevo al inframundo llevando el fuego sagrado 58

Creación de los ténabaris 63

Último retorno al inframundo 66

Regreso a la Nación Yoreme 86

Glosario 96

Prólogo

Dr. Mauro Servando Sánchez Ibarra

Para iniciar este prólogo, primeramente, quiero dedicarlo al "ili usi" que llevamos todos dentro, sobre todo, al que representa esta nueva sociedad en la que, la memoria histórica, aún no regresa, eso si pensamos en la memoria histórica inmediata que corresponde a nuestra era como pueblo conquistado y después, en la modernidad como aldea global, la memoria histórica debe regresar para conocernos nosotros mismos, nuestras raíces prehispánicas.

La presente obra es una mirada a nuestros antepasados, descubrir la manera en que surge nuestro pueblo yoreme, es una manera de conocer nuestros dioses, ocultos por la nueva religión que, los conquistadores lograron impregnar, borrando de nuestras memorias la hermosura de nuestras raíces, nuestros dioses. Una cosmovisión llena de sabiduría ancestral conectada con el alma de todas las cosas como hermanos de una existencia sagrada.

Es importante escuchar la voz de nuestros ancianos, son transmisores de historias que también cuentan quienes somos, esta sociedad infante, debe enamorarse nuevamente de escuchar, conocer y dar valor a la voz del abuelo para lograr conocer lo que hay dentro de nosotros mismos, agradezco al amigo, Carlos Borbón por este magnífico recorrido por el inframundo, en búsqueda del regreso del Dios venado, acompañar al Jítëbery por medio de estas líneas, y en este mismo recorrido conocer los nombres de los dioses de la Nación Yoreme, ha llenado de sentimientos y emociones que, nunca antes había sentido, conocer quiénes somos y entender nuestras tradiciones prehispánicas, las cuales se pierden y confunden entre argumentos e interpretaciones confusas implantadas por el conquistador, aquel que, a pesar de la libertad, continúa caminando entre nosotros disfrazado de ignorancia, indiferencia y quizás un poco de religiosidad.

Esta es la historia de una gran tradición, aquella que, en estos tiempos es interpretada de muchas maneras, la mayoría sin sentido, aun cuando por los expertos modernos se determine como la más bella danza del mundo, sus conceptos llegan a carecer de algo que es vital en todo sentido, el alma. Comprender las raíces de nuestros pueblos, observar cómo este hermano ancestral ha viajado a través del tiempo hasta el día de hoy, danzando nuestras danzas tradicionales indígenas, dejando huella imborrable pues, es parte central del escudo de nuestro estado de Sonora, así como del de la mayoría de los escudos de los municipios que lo componen.

Conocer la danza solo se logra andando el camino, quizá el camino del inframundo, abrir las puertas al lugar que nos lleva al regazo de Kóköwame en compañía de su esposa Batekom joa chiki, tal vez sea así de complicado regresar nuestras raíces, tener el valor del Jítëbery para ir y regresar con las buenas nuevas, enfrentando todo los obstáculos, dioses y miedos internos, todo para regresar con una alianza más con nuestros dioses para el perdón por el olvido, y recuperar el alma de nuestra Nación Yoreme.

Conocer nuestra cultura no solamente es presenciar la fiesta sin razón, embriagarse en el fervor y la cacofonía de los sonidos sin sentido, solo al cumplimiento de algo que, se hace porque sí, conocer nuestra cultura implica ver con los ojos del corazón, ese corazón venado oculto en las profundidades del mar y que ahora vive en el interior del caparazón de la tortuga, que suena y suena junto con el rasgueo de los huesos sagrados, los ténabaris, el sapo, las huejas de bulis, regresando el espíritu del Dios venado para dar vida a la Nación Yoreme y demás que, cuentan nuestra historia.

Esta obra, habla sobre nuestro pueblo yoreme, es un recordatorio de que, todo lo que somos tiene un origen más allá de lo que aparentemente la cultura moderna nos permite ver, regresar el alma es un regalo que ha venido de tiempos inmemoriales, de lugares inimaginables, del inframundo, de las entrañas mismas de la madre tierra quien exige no ser olvidada, demanda a sus hijos sentirse orgullosos de ser parte de la Nación Yoreme.

Leer estas líneas permite disfrutar la danza del venado vista con ojos yoremes, entender el significado de cada elemento que la compone, hace amar nuestra tierra y su legado, nuestra cultura, no la impuesta por el ajeno, sino aquella que llega del alma, la que cuentan nuestros dioses, los que dieron origen a esta Nación Yoreme.

Chióokore úttesia

Dr. Mauro Servando Sánchez Ibarra

El inicio de la historia

Un día en la región yoreme del bajo Río Mayo, estando en una ceremonia de danza tradicional de paxköla y venado, un niño yoreme muy curioso contempla detalle a detalle estas danzas y nota su sentir, sus emociones sin poder dar una explicación del porqué de los sentimientos tan hermosos que surgen de lo más hondo de sí mismo, pregunta a su abuelo Mariano Buichía que lo acompaña, ¿qué significaban, esas danzas?, ¿qué eran?, ¿de dónde surgieron?, el abuelo, con la paciencia acostumbrada de todo anciano, abraza a su nieto y lo acerca al fuego que se encontraba cerca de la ramada donde danzan y cantan los yoremes; los dos se sientan. El niño atisbó que de entre el fuego, un rostro se asoma, curioso pregunta a su abuelo "¿Qué es o quién es ese que se asoma en el fuego?" El abuelo sonrió y le explicó que le enseñaría a ver a sus antepasados a través de estas danzas sagradas.

El abuelo inicia contando, mira nieto, estas danzas no son sólo pasos sin sentido, cada movimiento, cada paso, cada son, tiene un significado sagrado para la creencia de esta Nación Yoreme y tiene sus raíces en nuestro pasado. Cuando termine de contarte esta historia comprenderás desde aquel tiempo mágico, hasta hoy, al principio parecerá que no tiene sentido lo que te cuento, pero al final entenderás. Al ver a su abuelo, al niño le brillaban los ojos al escuchar sus palabras, el anciano inicia con la historia diciendo a su nieto; "mira ili usi", esta historia me la contaron tus tatarabuelos hace muchísimos años y se pasó de generación en generación hasta que llegó a mis oídos.

Las transformaciones

Todo inició, cuando el sol nace de una cueva y la luna nace de otra cueva, al tomar su lugar, el sol en la bóveda celeste, como ser supremo, y por igual la luna como hija mayor de la tierra y el sol. Al principio de los tiempos, entre el sol y la tierra, crearon las plantas, los animales, y a lo último crearon a sus hijos, los seres humanos. A sus hijos el sol los creó en una cueva, prohibiéndoles que lo vieran, por lo que salían de la cueva solo de noche; muy pronto, aprendieron a dar tributo a las cosas de la noche y a la hermana mayor, la luna. En una ocasión a uno de estos hermanos se le ocurrió salir de noche y anduvo muy confiado fuera de la cueva y se fue alejando con la idea de conocer el mundo que, el padre sol les negaba, al amanecer, se encontraba lejos de la cueva, el padre, el

sol, lo encontró fuera y al pegarle los rayos del sol lo convirtió en piedra, porque a nadie le estaba permitido mirar al sol, lo mismo le sucedió a otros que tuvieron la osadía de retar al Dios supremo y los convirtió en árboles.

Un día el jefe de la tribu que vivía en la cueva, decidió ir a cazar, salió de noche a su labor de cazador y se le hizo tarde, se confió y no pudo llegar a tiempo a la cueva, y al encuentro con el astro rey fue transformado en chonte, y desde entonces anda de día y de noche cantando e imitando a todas las aves del monte, también habla con todos los animales ancestrales y es el único que canta en todos los lenguajes por ser el jefe ancestral.

En esta nación, que vivía debajo de la tierra, había un curandero, que sabía que planta o que parte de la planta cortar para tal o cual enfermedad, una noche salió a cortar raíces y plantas para sus curaciones, y no se dio cuenta que el astro Dios salía, corrió y corrió, pero le fue imposible llegar a la cueva, alzó sus plegarias al Dios Kóköwame para pedirle que le ayudara, pero ahí donde los rayos del sol lo tocaron, el Dios lo transformó en un árbol de Jito.

Dentro de esta cueva un yoreme se convirtió en profeta, con ayuda de sus dioses, empezó a profetizar quién continuaba y en qué momento iba a ser transformado, y ayudó a los yoremes, por largo tiempo, a no ser transformados. Todos los que vivían en la cueva daban gracias al profeta y regalaban presentes por cuidarlos, en eso, la Diosa de la oscuridad y el inframundo Batekom joa chiki, esposa de Kóköwame, Dios de la muerte, ve al profeta que se enorgullece de ese don obsequiado por los dioses, sin darle gracias a estos, él tomaba esas ofrendas para sí.

Un día sale de noche ese profeta a cazar zorrillos, porque eso era lo que a él le deleitaba, la tribu así lo llamaba el zorrillo, la Diosa Batekom joa chiki asecha al profeta y lo envuelve en un sueño muy profundo, engañándolo, haciéndole creer que estaba despierto, cuando realmente se dio cuenta que estaba dormido, despierta, pero ya es demasiado tarde, el sol de la madrugada lo alcanza acostado y ahí donde los rayos del sol lo tocan, éste fue transformado en un árbol de mezquite, ya transformado en este árbol, se acerca Batekom joa chiki, tocándolo suavemente le dice: de hoy en adelante voy a cambiar tu lenguaje para que tus hermanos no entiendan tus profecías y así fue hecho. Un suceso muy triste y aterrador, los vivientes de la cueva visitaban al profeta en forma de mezquite, nombrándolo por su nombre, preguntando lo que le podría profetizar, el árbol hablaba, pero nadie pudo entenderlo, por lo que la transformación de yoremes en animales, plantas y piedras continúo...

Y así el padre sol fue transformando en diferentes animales a sus hijos yoremes, en ranas, sapos, tejones, cachoras, arañas, zopilotes, gaviotas etc. De igual forma en árboles o plantas, como el mezquite, el nopal, el guamúchil, el makuchi, el quelite etc.

La madre tierra y sus hijos, sufrían por no poder hacer vida en presencia del padre astro. Los hermanos yoremes que estaban en la cueva podían ver y hablar claramente con los hermanos que el padre sol convirtió en plantas y animales. Se comunicaban profusamente y jamás los vieron como animales sino como hermanos y le daban ese trato de iguales, nunca un trato inferior. Los ancianos que habitaban en la cueva siempre enseñaron a muchas generaciones el respeto hacia nuestros hermanos convertidos en plantas y animales.

Nuestros hermanos llevaban una vida nocturna porque realizaban sus actividades de noche. Cierta noche el hermano chonte ingresa a la cueva para hablar con el más anciano, para ver la manera de cómo pedir ayuda a los dioses, entre el anciano y el chonte, alzan sus plegarias al hijo del sol, pidiendo con el corazón y el alma en su petición. Fueron escuchados, y en ese momento se ve bajar del cielo al único hijo del sol en forma humana, ven llegar una luz que hace la noche de día, los ancestros convertidos en plantas, rocas y animales, los yoremes, sintieron una alegría inmensa; también un hondo miedo de

ser transformados en animales o plantas.

Cuando el primer hijo del sol puso sus pies en la tierra, brotaron infinidad de plantas y flores a cada paso que daba, después frente a los hombres, saluda a todos con una inclinación ceremoniosa y de respeto para sus hermanos, pregunta:

— ¿Para qué soy bueno? —

El chonte habló:

—Nuestro padre el astro rey, no nos permite gozar de su calor, de sus rayos y su clara luz, no nos permite salir de la cueva para ver lo que nos rodea, nos tiene condenados a vivir como piedras, árboles o animales y a vivir en cuevas debajo de la madre tierra—.

Al escuchar esta noticia el hijo del sol se sorprendió y les propuso que él mismo iría hablar con su padre supremo al amanecer.

Mientras llegaba la alborada el hijo del sol platicó con todos los hermanos yoremes que habían sido transformados en piedra, plantas y animales, habló con cada uno de ellos, y todos ansiosos esperando el alba y la salida del astro rey. Antes de salir el sol, éste hermano mayor contó algunas de sus hazañas, les narró que hace muchísimos años antes de que existieran los hombres, él fue el que cambio su mundo a nuevas formas, cuando cambió la estructura de las flores, que en aquel tiempo eran de formas cactáceas.

La primera vez que él bajo a la tierra les dio a las flores pétalos de diferentes formas, colores y olores, para atraer a los animales, fue tan fuerte esa atracción que cambió al planeta en todo su ecosistema; también contó que hizo una nueva planta para alimentar a su pueblo, y les habló como creó el maíz, en ese preciso momento sin terminar de contar su hazaña, arribó la cegadora aurora todos los yoremes se asustaron, buscaron la obscuridad de la cueva para protegerse de los rayos del sol.

En la obscuridad de la cueva el vástago del sol calmó a los yoremes y les dijo que él iba a cambiar las cosas, diciendo que él hablaría con su padre el sol. Dio la media vuelta y se dirigió a la salida de la cueva, cuando la luz de sol toco su piel se fue transformando en un animal ante el asombro de los yoremes, conforme los rayos del sol pegaban en su cuerpo, el proceso de

transformación se iba agudizando. Ya fuera de la cueva se vio a sí mismo transformado en un hermoso venado que quería hablar con su padre.

Desde las sombras, los yoremes entristecidos vieron que el mismísimo hijo del sol término transformado en un animal, perdiendo toda esperanza de dar fin a trágico destino de esta Nación Yoreme. El hermano mayor convertido en venado brinca y brinca como peleando con la piel que tenía encima, Corre despavorido hacia la montaña más alta y grita a su padre, el astro rey desde la bóveda celeste busca con su mirada y solo mira un venado; logra ubicarlo hasta que el hijo le dice:

—Fui transformado en este animal por tu luz...—

El padre sol se acongoja al ver lo que hizo con su hijo y al instante se arrepiente, y le promete terminar con ese trágico destino de la Nación Yoreme.

También promete que

no habrá más transformaciones, no más animales, no más plantas, no más. El padre sol, creciendo en abundancia, da poder a su hijo de gobernar el mundo yoreme, como el Dios de las flores y la fertilidad, del sol sale una luz como si fueran las mismísimas manos del padre sol y toca la cabeza del animal, al tocarlo, salen de ésta unos hermosos cuernos, el padre da el poder a su hijo a través de sus cuernos y pezuñas, dar luz, dar vida y fertilidad. El padre sol, le dice a su hijo:

—Lleva esto que te doy al pueblo yoreme como pago para reparar el daño hecho por mí a esta nación—

El hermano mayor, ahora venado baja de la montaña llevando el regalo del astro rey, Al verlo llegar los hermanos de la cueva no querían salir por temor, aún era de día y los rayos del sol muy presentes, el hermano venado transmitió el mensaje de su padre y la promesa de finalizar con el destino trágico impuesto a sus hijos.

Desde entonces, los hermanos yoremes pudieron salir de las profundidades de la madre tierra e hicieron vida fuera de sus entrañas, al salir, vivieron en armonía con todos los hermanos transformados en animales, plantas y piedras, como yoremes formando una verdadera comunidad, así se formó el primer pueblo yoreme.

El niño, utilizando su imaginación, intentando comprender la historia narrada por su abuelo Mariano Buichía, se distrae mirando bailar al danzante de venado y escucha el sonido de los instrumentos de los músicos, se queda serio, medita y pregunta al abuelo:

—Abuelo y esos instrumentos que dan sonido y ritmo a la danza, ¿Por qué están ahí?, ¿qué significan?, ¿Por qué esas huejas de bulis? —

El abuelo contempló el interés de su nieto y sonriendo contestó:

—Mi niño, es una historia larga que hay que contar, no son solo instrumentos, son algo más que eso, para que tus ojitos vean cabalmente los instrumentos, es necesario enseñarte nuestras historias que vienen de tiempos muy antiguos. Una de estas, es la historia de la rana y el sapo—.

Historia de la rana y el sapo

En un tiempo muy antiguo, cuando el ser humano aún no aparecía sobre esta tierra, el agua escaseó, las plantas y los animales del monte empezaron a morir de sed, al ver esta situación todos los animales conocidos en el mundo yoreme, se reunieron para encontrar una solución al problema del agua, el que convocó a reunión fue el zopilote que voló por todo el universo invitando a todos los animales, ya reunidos, hablaron sobre la problemática y quedaron de acuerdo en asistir con el gran espíritu de Bämusëwa, la gran nube, a solicitar el sagrado elemento, después, se hicieron la gran pregunta, ¿Quién de los animales iría al gran encuentro con la gran nube?

De manera unánime, todos los animales decidieron que el zopilote fuera, por ser este uno de los aliados del sol, por tener también la virtud de volar muy alto y llegar más fácilmente al encuentro con la gran nube. El zopilote acepta el reto, inmediatamente emprende el vuelo rumbo a la gran nube donde reina el gran espíritu de Bämusëwa nube preciosa; cuando la gran madre divisa al zopilote le pregunta el motivo de su visita, el zopilote haciendo reverencia al gran espíritu, le dice que, en nombre de todos los animales y plantas del mundo yoreme solicita el líquido vital.

El gran espíritu de Bämusëwa, acepta conceder la propuesta solicitada y darles el agua, sólo le pide que espere un momento, que va por el agua, al darse la vuelta el gran espíritu e irse perdiéndose entre las nubes, en ese preciso momento, de entre las nubes, surge el rayo y su estruendo asusta al zopilote que cae de picada a la tierra sin el vital líquido, todos se reúnen alrededor del zopilote a escuchar la historia, al escuchar lo sucedido, los animales se entristecieron añorando el vital y sagrado líquido, de entre los animales alza la voz uno de los más astutos y fuertes, el coyote y solicita permiso para visitar a Bämusëwa.

Todos aceptaron y dan permiso al coyote de ir a visitar a la gran nube y traer el vital elemento, llenos de alegría ven al gran coyote, que con confianza emprende su camino hacia la cumbre de la gran montaña donde se observa cómo se mueve y rozan las cumbres con la gran nube. Bämusëwa lo espera, y cuando el coyote está cerca lo saluda, el gran coyote hace una reverencia a tan hermoso espíritu, después del ceremonioso saludo, el coyote dice con sus aullidos la petición de sus hermanos animales de la tierra.

El gran espíritu de hermosa nube acepta darle el agua, al ir por el agua Bämusëwa, hace su aparición nuevamente el rayo acompañado de una luz destellante con un fuerte y estrepitoso trueno, el coyote, a gran velocidad baja de las cumbres de las montañas, pero sin el agua; al llegar al monte, tristemente comentó lo sucedido, los animales se afligieron. Nuevamente varios animales solicitan ir a ver a la gran nube, de entre el animalero, solicitan ir varios animales, como el gran cuervo, el águila, la zorra etc. Los animales más fuertes y con habilidades especiales, todos fueron, y todos fracasaron, temiendo ese gran ruido estruendoso del rayo, que era a su vez una prueba que tenían que pasar para poder traer ese sagrado elemento que no tenían y la vida se estaba extinguiendo en la tierra.

En sus lamentaciones estaban los animales cuando aparece la rana, un animalito tan pequeño, y solicita al gran consejo de animales ir por el vital líquido, al escuchar esto los animales soltaron la risa burlándose del animalito y le dijeron a la rana que ya habían ido todos los animales más fuertes y que no podían conseguir traer el sagrado elemento, la rana con dignidad dijo;

— ¿Qué pierden si voy yo?

El consejo quedó en silencio y luego acordaron el permiso para la rana, en el acto, el animalito emprende su misión y sube con miles de sacrificios a la gran montaña, antes de llegar a la cima habla con el abuelo sol y le solicita fuerza, para poder resistir y pasar la prueba. Itom Atchay le responde diciendo:

—Ve a ese hormiguero que está ahí detrás de esos arbustos y pídele de favor a la reina de ese hormiguero que te facilite dos piedritas blancas con manchitas oscuras y mete cada una en tus oídos y no se te olvide darle las gracias a la reina de esas hormigas y por igual a las piedritas—

La rana hace caso, va al hormiguero y hace lo conducente, se tapa los oídos con unas pequeñas piedritas, antes de continuar su camino hace una reverencia al padre sol dándole las gracias por su ayuda, continua su ascenso a la gran montaña, cuando arribó a la cumbre es recibido por el espíritu de Bämusëwa y la rana reverentemente solicita el vital líquido.

Al ver que la Diosa se va acercando va dándose cuenta del olor que ella despide, conforme se va acercando, a cada paso que da, ese olor se hace cada vez más fuerte, es un olor a tierra mojada, la rana cierra sus ojos, toma aire profundamente, disfrutando de ese olor, como una gran experiencia espiritual, se queda extasiada con la experiencia de disfrutar el olor de la Diosa, abre nuevamente sus ojos y vuelve hacer otra reverencia.

En el nombre de todos los animales de la tierra, el gran espíritu Bämusëwa acepta darle el agua, le pide a la rana esperar un momento, al momento que la Diosa se retira perdiéndose entre la niebla de las nubes, hacen su aparición los hijos de la Diosa, el gran espíritu del rayo, el relámpago y el fragoroso trueno, la rana cierra sus ojos y no escuchó nada y esperó al gran espíritu, los tres hermanos en varias ocasiones intentaron asustar a la rana, pero la rana no vio ni escuchó nada, y esperó pacientemente, de repente, el gran espíritu llega con el agua, pronto se empiezan a llenar las nubes, la rana flotaba en el agua mientras se llenaba la nube, cuando la nube se atiborró de agua empezó a caer hacia la tierra, y la rana venía con el agua sagrada, cantando: Bä, Bä, Bä, al llegar la rana a la tierra con el agua sagrada, todo el consejo de animales hicieron una reverencia a la rana dándole su nombre: Bätächi por traer el vital y sagrado líquido a sus vidas, y porque nuestro Itom Atchay el Sol ve con buenos ojos el actuar de este hermano animal.

Esa agua que cayó del cielo enviada por Bämusëwa, traída por la rana, no se podía beber, al querer tomarla el agua se retiraba, se volvía inalcanzable, cada vez que cualquiera de los animales se acercaba al elemento sagrado se retiraba no logrando beberla.

Ante esta situación todos los animales volvieron a convocar a reunión para remediar este suceso, además, esta agua era absorbida por la tierra rápidamente sin quedar una gota por encima de la tierra, sólo las plantas podían tomarla por tener el poder ya otorgado por el gran espíritu, tomado al principio de los tiempos. Recordando los animales que habría que hacer un nuevo viaje hacia el inframundo de la madre tierra para ir por ese poder, que solo las plantas podían tomar esa agua y que los animales también necesitaban.

El consejo de animales hizo una nueva reunión para intentar retener el agua, al finalizar el tejón hace su propuesta, hacer un hoyo en la tierra para poder almacenar agua, el consejo aceptó la propuesta, el tejón cabo hoyos, al terminar este trabajo, la rana solicita el agua implorando desde la tierra, al gran espíritu de Bämusëwa, la rana cierra sus ojos, alza su cabeza hacia las nubes y lanza sus plegarias: Bä, Bä, Bä, la lluvia no se hizo esperar llenando de agua los hoyos hechos por el tejón, pero se dieron cuenta que esos hoyos no eran suficientes, las ardillas, hormigas, conejos, coyotes, apoyaron ese proyecto de hacer hoyos para guardar el líquido sagrado, comprobaron que no era suficiente para todos.

Al darse cuenta la serpiente que no era suficiente el agua propone que ella puede solicitar el apoyo de la gran madre de las serpientes, para que ayude a construir un hoyo en la tierra y poder almacenar un poco más de agua; el consejo tuvo miedo de que esta gran serpiente los devorara a todos como ya había sucedido en tiempos antiguos, comentó la serpiente que hablaría con su ancestro, el consejo aceptó. La serpiente emprende su viaje hacia el inframundo donde se encuentra la gran madre de todas las serpientes a solicitar su apoyo, cuando regresó, se reúne con el consejo de animales y les dice lo que propuso la gran madre de todas las serpientes.

La gran madre serpiente quiere que, siempre sea recordada entre los animales como la primera que ayudó a manejar el vital líquido y sea recordada y nombrada Bäkokot, y que toda su descendencia fuera recordada así por siempre, por ayudar en la conducción del agua, el consejo consultó y quedaron de acuerdo. Prontamente la serpiente lleva ese mensaje a la gran madre serpiente al inframundo y cuando regresa, la serpiente le informa al consejo que, la gran madre serpiente va a ayudar, desde la cumbre de la montaña una serpiente gigantesca repta hacia abajo haciendo un cauce para que descienda el vital líquido sagrado hasta los valles más bajos, la huella que dejo la gran serpiente es el lecho de los ríos y arroyos creados en el principio de los tiempos. La gran serpiente cumplió la promesa de no engullir a los animales, al terminar este trabajo vuelve al inframundo.

Después del trabajo de la gran serpiente, la rana canta sus plegarias a Bämusëwa para que la lluvia sea abundante, dejando caer el hermoso elemento, llenando los cauces que dejó esta gran serpiente, dando vida al mundo animal, no quedó un pedazo de tierra sin agua, la humedad fue fecunda, desde entonces podemos ver los caminos por donde esta sagrada serpiente caminó formando ríos y arroyos que aún conocemos.

En el inframundo, la madre de las serpientes queda satisfecha con las plegarias que todos los animales hicieron en su honor, la gran serpiente en agradecimiento envía a sus hijos pequeños a hacer los pequeños ojos de agua, quedándose a vivir entre los animales y a su vez son vigilantes de los ojos de agua, dando vida al mundo animal.

Después de los hechos, aún no resolvieron el problema, que esta agua sagrada no se podía beber, querían tomar agua, y esta se retiraba de las patas o del hocico o el pico de las aves entre más se acercaban, además que, en cada ojo de agua, la serpiente dueña de cada ojo de agua, lo reclamaba como suyo y nadie podía acercarse, cada serpiente se comía o asustaba a quien se acercara. Ante esta situación, nuevamente se convocó a todos los animales del monte, el semaluku habla y dice ante el consejo, que de entre las flores se escucha un rumor, que existe un Dios que calma a las serpientes dueñas de los ojos de agua y se llama Sujjen.

Este Dios arquero, serpiente de fuego que viene del cielo en forma de piedra, calma a las serpientes, el círculo del consejo inicia lanzando las plegarias al Dios Sujjen y este Dios hace su aparición de noche en forma de meteorito, llega al centro del consejo de animales, portando un arco y flechas hechas de meteorito. El consejo hace ver al Dios Sujjen sus quejas con las serpientes, el Dios escucha y al ver que expusieron sus quejas, el Dios lleva al consejo a un ojo de agua, sigilosamente se acercan y la serpiente al darse cuenta de la presencia de los animales se prepara para el ataque y amenaza diciendo: "esta agua es solo mía y no pienso compartirla con nadie".

El Dios Sujjen se acerca a la serpiente, se pone en posición de ataque con su arco y flechas apuntando hacia la serpiente, el Dios no se detiene e inicia una batalla, los animales asustados vieron como el Dios somete a la serpiente, con sus flechas acertó en tres ocasiones en el cuerpo de

este animal, a punto de matar a la serpiente, el Dios toma por el cuello a la serpiente amenazándola con un cuchillo hecho de uña de águila, cuando estaba a punto de matarla, la serpiente le pregunta al Dios:

— ¿Qué es lo que quieres de mí? —

El Dios Sujjen responde:

—Quiero que compartas el agua con todos los seres vivos de esta tierra, para que puedas seguir viviendo, comparte el agua—

La serpiente contesta:

—Lo que pasa, no es que no quiera soltar o entregarles el agua, esa agua es sagrada y es necesario realizar una ofrenda, alguien se tiene que sacrificar para que yo pueda soltar el agua y logren sobrevivir—.

El Dios Sujjen, en ese momento observó que dentro del lago donde habitaba la serpiente, se escondía el espíritu de la Bä Yóoi quien engañaba y manipulaba a la serpiente y a todos los animales del monte. Cuando la Bä Yóoi se dio cuenta que el Dios logró verla, la Bä Yóoi se perdió en las profundidades del lago.

Consternado los animales que se encontraban presentes, se miraron unos a otros asustados preguntándose, ¿Quién de nosotros se va a sacrificar para poder tener el vivificante líquido?, en eso, aparece el menos esperado de todos, «el sapo», dispuesto a sacrificarse e ir al inframundo de las aguas. Bämusëwa, al ver la actitud del sapo, hace su aparición arriba de una nube y lo nombra guardián del agua y posteriormente nombra a la rana como guardiana mayor del agua; resentida la serpiente se acerca al sapo y con el vaho que sale de su hocico quita la hermosura que posee el sapo y lo transforma en una criatura grotesca, este es el precio que el sapo pagó.

Bämusëwa entregó su honra al sapo por la actitud de sacrificio, en ese momento, Bämusëwa se quita su sostén hecho de buli, uno lo pone encima de la rana y el otro encima del sapo; en eso, la rana y el sapo, brincan alegremente con el buli encima, al ver este acto a Bämusëwa le causó mucha gracia, ver como los bulis brincaban como si tuvieran vida propia. Bämusëwa les dice a los animales que con ese objeto mágico podrán tomar el agua sin problema alguno; y así fue como la rana y el sapo, por fin cumplieron su misión llevando el buli sagrado a la Nación Yoreme.

Desde entonces la rana, cuando llueve, lanza sus plegarias a las nubes preciosas donde vive Bämusëwa y es la única que no teme a los espíritus del rayo, el trueno y el relámpago y lanza sus plegarias pidiendo más agua a la Diosa diciendo Bä, Bä, Bä …Cuando la rana terminó con su tarea, llega Kóköwame Dios de la muerte, llevándose a la rana y al sapo a los aposentos del Dios de la muerte, Kóköwame toma como ayudantes a la rana y al sapo y comparte con ellos sus conocimientos de muerte y vida.

Al estar narrando esta historia, el abuelo hace una pausa y dice a su nieto:

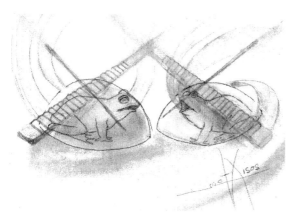

—Esas dos huejas de buli que tienen los músicos representan al sapo y a la rana, tienes que aprender a ver nuestro mundo, nuestra cosmovisión, qué significa la forma, cómo nuestra Nación Yoreme ve el mundo, es apegada a la antigua religión prehispánica que está a punto de desaparecer y está apegada al Jiapsi del mundo yoreme. En esta religión, mi niño, todo tiene alma, las piedras, las plantas, los ríos y arroyos, el viento, la tierra, todo lo que existe tiene alma—.

Una cosa más precioso nieto, cuando llueve escucharas siempre a las ranas y a lo sapos pedir agua a nuestra diosa madre Bämusëwa, cundo llueva pon atención y escucharas a estos animalitos decir: Bä, Bä, Bä… estar pidiendo agua a nuestra madre.

El niño imaginando... El abuelo ve al niño con la mirada en el más allá y sonríe. Cuando el niño vuelve de ese mundo de imaginación le pregunta a su abuelo viendo danzar al venado:

— ¿Y quién es, por qué baila ese hombre con la cabeza de venado sobre su cabeza? — El abuelo sonrió diciendo:

—Mira mijo, es una historia que está casi a punto de desaparecer y para muchos ya desapareció y esta es una historia larga ¿Quieres que te la cuente? —

El niño mirando el rostro apergaminado de su abuelo mueve su cabecita en señal de sí.

—Mira niño, esta historia es así—

Contestó su abuelo acomodándose el sombrero.

—Si recuerdas al primer hijo del sol que su padre lo convirtió en venado, pues de ese momento en adelante toda la Nación Yoreme dejó de lanzar sus plegarias a los demás dioses—.

La muerte del venado

Un día, los dioses del mundo yoreme se reunieron en el monte sagrado, para hablar de la rabia que sentían por no recibir las plegarias del pueblo yoreme. Estos eran Öwraba Dios de la guerra, Kóköwame Dios de la muerte, Batekom joa chiki esposa del Dios de la muerte, Sëwatoba Diosa de la belleza y de la estrella de la mañana, Chaleya Dios del fuego, Yöyomoli Diosa de la nación Zurem, Bäyrubi Dios del viento y las aguas subterráneas, Bämusëwa Diosa del agua, el Sujjen Dios meteorito,

juntos planearon matar al primer hijo del sol, el venado, estando planeando esto, llega Birisëwa la gran madre y se les unió, al estar planeando el crimen, el zopilote volaba en lo alto viéndolos, y cerca de los dioses, entre una arboleda de mezquites, se encontraba el tecolote que pudo escuchar de cerca lo planeado.

Después de discutir el plan, estos dioses se transformaron en coyote, puma, tigre, león, onza, según su conveniencia; esperaron

que el astro rey se ocultara y estuviera en el inframundo, luego buscaron al Dios venado, al encontrarlo entre el monte, éstos acecharon al Dios, Öwraba, en forma de puma da la orden "Ake akontia", los Dioses rodean a su víctima e inicia la lucha y el puma se va sobre la yugular del Dios venado matándolo en presencia de los demás dioses en forma de animal, al estar el cuerpo tendido del Dios venado, Öwraba ahora en forma humana corta la cabeza y se amarra la cabeza de venado encima de la suya en forma burlona frente a los demás dioses, empieza a actuar como venado, los demás dioses que lo acompañaban al unísono gritaban " Ake akontia", "Ake akontia" y este Dios brinca dando vueltas alrededor de

cuerpo de su víctima y los demás dioses, lo ven con buenos ojos ese actuar de Öwraba.

El zopilote y el tecolote miraban sin perder detalles el actuar de los dioses mientras ocurría el acto criminal, éstos planearon qué hacer para que no volviera a aparecer jamás sobre la faz de la tierra, concluyeron, en común acuerdo, enviar el corazón del Dios venado a lo profundo de las aguas del mar, donde la reina Sëwatoba, la Diosa del mar, con la intención de que ningún humano pudiera rescatarlo de las profundidades del océano; la piel y la carne del Dios la pulverizaron y la distribuyeron en toda la naturaleza existente; los huesos, la rana, el sapo y la tortuga se los dieron a Birisëwa la gran madre, y ésta a su vez se los entregó a su hijo Bäyrubi, Dios del viento y de las aguas subterráneas, quedándose ella con los huesos para resguardarlos; Öwraba toma la cabeza del gran espíritu como trofeo de caza. Kóköwame toma el Alma. Entregada la parte que le corresponde a cada Dios, se retiran. El zopilote y el tecolote son testigos de lo sucedido.

A partir de ese día, en que los dioses asesinaron al Dios venado, la naturaleza se detuvo y dejó de florecer, por ser este dios, el dios de la flora, dios de la plantas por lo tanto el dios del monte, los yoremes no comprendían lo que estaba pasando y fueron con el único que podía dar respuesta a su incertidumbre, que era el gran Jítëbery de la nación de los yoremes, el pueblo entero acude a la cueva donde vive al gran Jítëbery, al estar todos reunidos alrededor de la cueva, el gran Jítëbery hace su aparición y les pregunta: cuál es su preocupación, todos los presentes, al unísono, le respondieron: qué está ocurriendo con la madre naturaleza que ya no producía ni reproduce, ya no florece, se está muriendo la naturaleza. El gran Jítëbery en ese momento, alza sus plegarias al astro rey y los yoremes alzan la vista al cielo, y ven al gran zopilote descender en espiral, llega hasta el Jítëbery y le cuenta todo lo ocurrido.

El Jítëbery se queda perplejo, al rato le pregunta:

— ¿Qué puedo hacer? —

El zopilote solo le contestó:

—El que sabe mejor las cosas es el tecolote, es el adivino y profeta que se encuentra siempre cerca de los dioses y él, siempre trae visiones positivas a nuestra nación, él se encuentra en los árboles de mezquite más ancianos, él interpreta muy bien los susurros de éstos árboles más ancianos de dónde saca sus profecías y sus visiones, además él estaba cerca de los dioses cuando planearon y llevaron a cabo el fatal crimen—.

El Jítëbery va en busca de este adivino-profeta, el zopilote lo acompaña y lo encuentran en uno de los mezquites más ancianos, se acerca al tecolote y hace una reverencia a este animalito, al verlo llegar el tecolote le dice:

—Ya sé a qué has venido, el Dios venado ha sido asesinado por otros dioses—

También le dice que hay que hacer y a dónde acudir

para traer nuevamente al Dios venado para rescatar el alma del monte.

Enseña al Jítëbery que existen tres espíritus muy poderosos que saben esas plegarias para volver a traer al gran espíritu y que viven en el inframundo, le hizo ver dónde se encontraba la puerta del inframundo, apuntó hacia el ocaso del sol y le dijo:

—El astro rey te guiará hasta ese lugar, el mismísimo astro rey entra a ese reino, donde Kóköwame es el Dios—.

Así mismo, fuertemente le dijo que tuviera cuidado con la serpiente de cascabel que cuida la entrada del inframundo, terminada la charla, el zopilote emprende el vuelo hacia el sol y el tecolote vuelve al mezquite.

Los dioses se dan cuenta de las declaraciones del zopilote y el tecolote, y esperan a que lleguen a su morada para actuar, los dioses toman cartas en el asunto y atrapan a sus delatores dándole varios castigos, iniciaron con el zopilote, Kóköwame con una mano lo agarra del buche y con la otra mano suavemente toca sus plumas cambiándole de color, de blancas a negras, además cortándole siete plumas de las que hizo un cinturón, que al quitar esas plumas hizo que cambiara su vuelo haciéndolo lento y suave por falta de algunas plumas. Kóköwame se pone ese cinturón, diciendo:

—Mientras tenga este cinturón, vas a ser mi esclavo—.

Además, lo castigó, así como lo tenía agarrado con una mano del buche, le metió un dedo en el pico, al estar haciendo esto, Kóköwame le hizo un hechizo, diciéndole:

—De hoy en adelante comerás solo animales muertos y tienes prohibido casar animales vivos—

Lo soltó, dándole ese trágico destino por ayudar a los humanos.

Al tecolote mensajero de buenos augurios de los dioses del mundo yoreme, le cambiaron su destino, Kóköwame agarra al tecolote, lo toma del buche y le mete uno de sus dedos en el pico y lanza su maldición decretándole:

—De hoy en adelante, cada vez que cantes entre la nación de los yoremes, vas a llevar la muerte en tu canto en vez de buenos augurios, ahora la Nación Yoreme te temerá, porque llevarás la muerte—.

Así fue dicho y hecho por los dioses.

El Jítëbery no perdió tiempo y emprendió el viaje hacia ese lugar que el zopilote y el tecolote le mostraron, al ir acercándose al lugar mencionado, el Jítëbery tomó sus precauciones y caminó con sigilo, llegó a escondidas, observó a la gran serpiente que vigilaba la entrada al inframundo.

Duro días vigilando la puerta, pero llega un momento en que la serpiente empieza a mover su cascabel, menuda sorpresa, al sonar el cascabel se abre la puerta del inframundo, la serpiente entra y la puerta se vuelve a cerrar, el Jítëbery de la tribu se queda acechando y pensando cómo hacerle para poder ingresar al inframundo.

Al estar contemplando la entrada ve que las hormigas tienen una entrada al inframundo, entran y salen, el Jítëbery habla con las hormigas y pide hablar con la madre de las hormigas, la guardiana le dice que espere fuera del hormiguero, la guardiana ingresa al hormiguero y habla con la madre de las hormigas Yöyomoli, le informa que un humano está solicitando ayuda y su apoyo, la madre de las hormigas, Yöyomoli, con una gran gentileza accede a ayudar al humano y hermano yoreme.

Al encuentro, el Jítëbery hace sus reverencias a la gran madre de las hormigas, la gran Yöyomoli, poniéndose de rodillas y bajando su cabeza en forma de reverencia y a su vez para hablar y escuchar, saluda a la madre hormiga y le solicita el apoyo para que lo guie y le ayude a entender la forma de entrar al inframundo, el Jítëbery explica la situación por la que está pasando el mundo yoreme con la pérdida de la vida, por la falta de flores, y que era importante sacar del inframundo a estos hermanos que conocen las plegarias para poder traer de nuevo al gran espíritu venado.

Al escuchar esto la madre de las hormigas, Yöyomoli le dice al Jítëbery:

—La puerta del inframundo solo se abre con el sonido de la madre serpiente cascabel, la serpiente de cascabel es la guardiana de las puertas del inframundo yoreme, ellas conocen bien los sonidos de esta—.

Le dice que podrían ayudar a reproducir ese sonido, también le dijo que necesitaban un recipiente para poder reproducir el sonido de la cascabel. Yöyomoli decidió ayudarlo en su tarea.

Creación de las sonajas

El Jítëbery, con la ayuda de Yöyomoli, se introduce en el monte y pide ayuda al Juya Ánia, para cumplir con su tarea y poder sacar a estos seres del inframundo, una de las plantas hijas de Bämusëwa habló y estaba dispuesta a ayudar, le dijo al Jítëbery que ella estaba dispuesta a sacrificar a uno de sus hijos, el Jítëbery, al voltear a ver la planta vio a Bämusëwa, la Diosa de las nubes y el rayo en medio de las plantas y le da uno de sus hijos, el buli, el Jítëbery hace una reverencia a la Diosa.

El Jítëbery toma al hijo ofrendado y va con la madre de las hormigas Yöyomoli, le muestra el objeto que ella necesita, la madre de las hormigas toma en sus manos al buli y solicita ayuda de sus hormigas y pide que saquen las piedras sagradas para crear el sonido de la serpiente de cascabel, obedeciendo, las hormigas se dan a la tarea de buscar las piedras sagradas para tal objetivo. Cada una de las hormigas extrae del inframundo las piedras adecuadas, lo que hicieron estas hermanas hormigas es hablar con las piedras que no eran más que nuestras primeras hermanas ancestrales, que nuestro padre sol transformó a nuestros primeros hermanos en piedras.

Solo las hormigas conocían esta historia, por lo cual, sólo ellas reconocen quienes son en realidad nuestras verdaderas hermanas piedras ancestrales. Cuando las hormigas sacaron las piedras sagradas, la madre de las hormigas hace un pequeño agujero en el buli y mete una a una de las hermanas piedras, terminando el trabajo lo entrega al Jítëbery, este instrumento mágico, al cogerlo el Jítëbery lo hace sonar igual como la serpiente de cascabel, el Jítëbery se prepara y se planta frente al portal del inframundo; primero observa bien que no se encuentre ahí la madre serpiente cascabel, se percata que no está, se acerca lentamente y hace sonar la sonaja mágica, se sorprende porque la puerta no se abre. Meditando, se retira.

El Jítëbery visita a Yöyomoli

El Jítëbery se dirige hacia la madre de las hormigas la gran madre Yöyomoli y le explica lo sucedido, la madre de las hormigas le pide que suene la sonaja de nuevo para escucharla, después de oír el sonido hace una observación relevante: la serpiente tiene dos sonajos, derecho e izquierdo, y el sonido de la sonaja que el Jítëbery traía era de un solo lado, y era necesario tener dos sonajos para que realmente pudiera imitar el sonido de la cascabel. El Jítëbery vuelve al Juya Ánia y a la planta de bulis, le pide de favor a Bämusëwa si pudiera ofrendar otro de sus hijos, Bämusëwa con su olor a tierra mojada, da con gusto a otro de sus hijos.

El Jítëbery le da gracias a la Diosa por la ofrenda obsequiada. La arranca dando gracias, y de prisa, se dirige al hormiguero donde se encuentra la reina hormiga, de nuevo hacen el mismo procedimiento, juntan a las hermanas piedras ancestrales para el trabajo, al terminar las hormigas, la madre hace de nuevo otro agujero en el buli recién cortado y le mete las pequeñas hermanas piedras y queda listo. La reina de las hormigas le dice al Jítëbery que ahora si

va a poder ingresar al inframundo y sacar de ahí a estos grandes seres.

La hormiga Yöyomoli le dice al Jítëbery que estos seres no se encuentran ahí secuestrados o encarcelados, sino que son del inframundo que ése es su hogar, solamente están ahí durmiendo, que solo hay que despertarlos y que el sonido de la cascabel no solo abre las puertas del inframundo, sino que también despierta a estos seres. Al decir esto la madre Yöyomoli, le habla de su ascendencia y el origen de su pueblo, comienza diciéndole que pertenece a un pueblo yoreme llamado Zurem, gente de corta estatura que vivía en el cerro Zurem y en el río del mismo nombre.

En los tiempos que vivimos, los días eran muy pacíficos y felices, el sol estaba más cerca de la tierra, los rayos del sol hacían iguales todas las estaciones del año, por lo tanto, éramos seres pacíficos y no nos gustaba el ruido ni la violencia; éramos personas sin maldad de ninguna clase, vivíamos en comunidades donde los hijos eran de todos y todo se repartía por igual, nosotros somos los que creamos las flechas y los arcos, perfeccionándolos, cazábamos con facilidad a las aves y conejos; no teníamos necesidad de sembrar, pero si de cazar y pescar.

Somos los inventores de las artes de la pesca en los ríos, los lagos y los mares, el fuego no lo utilizamos porque no lo conocíamos. Comíamos legumbres, frutas y carne cruda, luchábamos con los pájaros como el Yóobwa, siendo éste una de las aves más grandes que se comía a los Zurem, las águilas y los gavilanes, se robaban a nuestros niños, utilizábamos canastos o ramas para protegernos, de esta manera evitábamos ser vistos por los pájaros grandes metiéndonos debajo de los canastos para que no nos dañaran.

En esos tiempos había en la tierra un árbol frondoso de hermosas hojas y elevada corpulencia que emitía unos ruidos que parecían ser como un extraño lenguaje, especialmente después que el padre sol pasaba al país de los muertos acompañado de numeroso séquito; este árbol era un gran mezquite, ese gigante del monte era un profeta y tuvo la bondad de predecir, con mucha anticipación, lo que se aproximaba.

La gente se reunía alrededor de él y le rendían culto, le ofrecían ricos presentes que ponían humildemente a su lado, una noche, cuando brillaban las estrellas habló el árbol movido por el viento, los líderes trataron de comunicarse con el árbol que hablaba pero no tuvieron éxito, ni siquiera los jefes más importantes pudieron interpretar el mensaje del mezquite, mientras tanto, yo Yöyomoli tiraba y tiraba de la mano de mi padre el gran jefe Ániabailüte y le decía que yo podía interpretar lo que decía el árbol parlante.

Al principio, mi padre me ignoró y luego se enojó ante mi insistencia, finalmente mi padre dijo:

—Muy bien, lo harás en frente de todos—

Entonces me incliné hacia la tierra e imploré a la Diosa Batekom joa chiki, lanzando unas plegarias hacia el inframundo, la Diosa se hizo presente, y solicité la ayuda a la Diosa, esta se acerca a uno de mis oídos y me susurró de cómo entender ese lenguaje del viejo profeta.

Cuando la Diosa se retiró me di cuenta de que, estaba parada casi encima de un hormiguero, me agaché, tomé dos piedras pequeñas que la Diosa me sugirió y metí cada una en un oído, entonces fui y me senté junto al árbol y traduje palabra por palabra lo que el árbol profetizaba para el futuro de la tribu, las piedras eran las traductoras de ese lenguaje original.

Primero me enseñó el nombre de algunas estrellas y en segundo lugar, predijo las horribles destrucciones del sol, y con ello la destrucción de nuestro pueblo, el primer sol donde vivió el pueblo Zurem terminaría en una gran inundación y sólo se salvaría una pareja de mi pueblo, habló de la destrucción del sexto sol y que entre el quinto y sexto sol vio la llegada del hombre blanco que traería armaduras de metal y nuevas armas hechas de metal que escupen fuego, y por igual, un pedazo de metal que cortará los árboles sin sentido. Habrá mucho sufrimiento y se derramará mucha sangre entre los Zurem.

Les profetizó la llegada del ferrocarril diciendo que se haría un camino de acero con un monstruo de hierro en medio, les dijo que sufrirían porque, en ese futuro, se olvidarían que son hijos del sol, se olvidarán hasta del Dios sol y lo que de él creían saber, se olvidarán de todos sus dioses; se olvidarán de aquellos lugares donde bailaban sus abuelos; que los blancos impondrían un nuevo Dios y que en el nombre de este Dios transformaría a sus dioses en demonios, y los lugares sagrados como lugares profanos para alejarlos de sus creencias.

De sus dioses solo verán una piedra, una roca como las demás, verán sólo montañas, dejarán de ver en la naturaleza a sus dioses y temerán a la naturaleza, temerán a las tormentas, así como a nuestros hermanos animales y plantas y aún más, que la lengua materna tenderá a desaparecer quedando los yoremes desamparados de sus orígenes. En aquel tiempo futuro hasta nuestros hermanos se avergonzarán de ser yoremes; se avergonzarán de traer sangre yoreme, negando su identidad y abandonarán el uso de la lengua materna por vergüenza o miedo, dejarán de hablar a sus hijos en nuestra lengua.

Dejarán de medir los tiempos con el sol y la luna, el hombre blanco y las nuevas generaciones impondrán otra forma diferente desconectándolos de la naturaleza y dejarán de verlos para medir.

«Desaparecerá la magia y sus cultos, así como la fe de sus verdaderas creencias»

Olvidarán nuestras historias, olvidarán ese lenguaje que hay entre nosotros y la naturaleza, dejarán de entender a nuestros hermanos animales; dejarán de hablar con el grillo, la rana, el chonte, el coyote etc. En pocas palabras desconocerán el alma ancestral yoreme que vive en la naturaleza; los árboles ya no hablarán, las aguas parlantes se extinguirán, el fuego sagrado guardará silencio, la madre tierra solo se verá como producto de comercio no como madre sagrada, nuestros rituales y nuestras verdaderas ceremonias serán desvirtuadas, solo danzarán sin sentido, sin saber el por qué lo hacen.

Olvidarán el origen y la esencia de nuestro pueblo, en el futuro mis hermanos hablaran muy seguros de sus nuevas historias que tendrán que inventar, cuando hayan dado la espalda a nuestros dioses. Y tomaran como falsas sus verdaderas historias, así como a sus verdaderos dioses, la Nación Yoreme se dividirá en dos pueblos tomando caminos diferentes y serán incapaces de recordar el origen de la Nación Yoreme, tienen que decidir lo que van a hacer, los que no resistan esta situación pueden irse a otra parte para no enfrentar ese destino.

Entonces, los Zurem se dividieron en dos grupos, una parte del grupo se metió al mar, se convirtieron en toninas y tortugas y viven ahí todavía, otros, nos convertimos en hormigas, desde entonces vivimos debajo de la tierra, otros en mariposas, colibrís, árboles, en temussu que vivieron la gran inundación al momento de ese hecho de las grandes lluvias,

Bämusëwa les dio alas para sobrevivir y así quedaron, cada vez que llueve le salen alas.

El otro grupo del pueblo vivió el tiempo de la gran inundación y se salvó una pareja, en esa gran inundación el agua ablandó las piedras, cuando esta pareja bajó a ver el nivel de las aguas pisaron las rocas dejando las pequeñitas huellas de sus pies plasmadas en las rocas, la descendencia de estos hermanos con el tiempo creció a una mayor estatura y se convirtieron en los actuales yoremes, de donde tú desciendes también. Le hace saber al Jítëbery.

El Jítëbery le pregunta a Yöyomoli:

— ¿En aquél futuro hay una forma de remediar ese trágico destino? —

Yöyomoli le responde:

—Sí, allá en ese futuro, tienen que hacer un alto en el camino y voltear hacia atrás sin temor a nuestros dioses ancestrales; voltear para reconocer a nuestros dioses, hermanos piedras, aves, animales, plantas y recuperar ese lenguaje perdido—.

Dejar que el alma de nuestros Dioses ancestrales verdaderamente los guíe y confiar en ellos, aprender de la tierra, del viento, del agua, del fuego; respetándolos y hacer una reverencia a estos cuatro elementos para que ellos nos muestren el camino, nuestro camino. Saber escuchar al coyote, al chonte, al viento, al grillo, a la rana, volver a escuchar ese susurro del mezquite cuando el viento lo mueve.

Escuchar las aguas del rio, de los arroyos, lagunas y el mar, escuchar nuevamente sus historias, las historias que están ahí. En ese futuro tendrán que escuchar al fuego, la única forma de escucharlo es recordar que es sagrado y tratarlo como Dios para que revele sus secretos y pueda guiarlos al alma.

Volver a conectarse con el Sol y la Luna para medir sus tiempos para que los ancestros los guíen.

Si en ese futuro confían en sus ancestros yoremes y se dejan guiar, podrían volver al camino con alma, solo así, podrán volver al alma del ser yoreme.

Al terminar de hablar Yöyomoli, el Jítëbery se queda perplejo y mudo en un trance con la historia contada por la gran madre Yöyomoli, al salir del trance el Jítëbery agradece infinitamente por la historia reveladora y por el apoyo brindado, logró ver que, estas hormigas eran parte ancestral del pueblo yoreme, no eran nada más simples hormigas. Antes de retirarse Yöyomoli le hace saber que esta historia revelada debería de ser divulgada en toda la Nación Yoreme, y que nunca se les olviden sus raíces, el Jítëbery hace una reverencia a la gran madre Yöyomoli y regresa al umbral del inframundo, se asoma a ver si la serpiente de cascabel se encuentra en la entrada, comprueba que la serpiente no está, se acerca y empieza a sonar las sonajas mágicas; con asombro ve como la puerta del inframundo se abre después del sonido de las sonajas.

El Jítëbery temeroso ingresa en la oscuridad del inframundo imaginándose miles de cosas que no existen, obligado por el miedo el Jítëbery regresa al exterior y las puertas del inframundo se vuelven a cerrar, Yöyomoli contempla todo, ve el temor del Jítëbery y decide aconsejarlo diciendo:

—Necesitas el fuego sagrado para que puedas entrar sin temor—

—El Jítëbery pregunta a Yöyomoli —

— ¿Dónde se encuentra dicho fuego sagrado? —

Ella contesta:

—Se encuentra rumbo al oriente por donde sale el padre sol, está un gran cerro donde se encuentra una cueva, en esta cueva se hospeda el Dios del fuego sagrado—.

La hormiga le revela el nombre del Dios del fuego, su nombre es Chaleya.

El Jítëbery toma las sonajas sagradas y se las cuelgas del hombro e inicia su nueva tarea. Camina rumbo al oriente, pero en su andar sentía una presencia a sus espaldas, se detenía y volteaba hacia atrás. Sentía que en ese monte boscoso había seres o personas que lo seguían, asustado, se extravió y perdió el rumbo, cae de rodillas y toma aire profundamente, dejándose llevar por sus emociones, desamarra un fuerte grito de coraje y desesperación.

Pasada la emoción, llega prontamente la calma y cierra sus ojos, espera a los espíritus que siente que lo persiguen, se descuelga las sonajas mágicas que traía colgando en su hombro, y dirigiéndolas hacia el monte las hace sonar, maravillosamente el monte abre su mundo y aparecen espíritus con máscaras hechas de rama, otros con máscaras hechas de ramas cubiertas con lodo y otros con máscaras hechas con piel de animales del monte.

El Jítëbery sintió la presencia espiritual de ancestros yoremes y encontró calma con esta presencia, estos espíritus lo acogieron, rodeándolo, dándole apoyo al Jítëbery, y sin hablar, le transmitieron una gran fuerza, un gran ánimo. Lo convencieron de que eran ancestros que venían del sagrado monte, el Jítëbery entendió que, el espíritu de ellos anida en las flores del monte y que las máscaras representan el alma del sagrado monte; el Jítëbery extasiado con la presencia de los espíritus ancestrales cae rendido en un sueño muy profundo y revelador, después de un tiempo despierta con una fuerza sobrehumana, ya erguido continua su camino entre el monte sintiendo el apoyo de los espíritus que habitan en él.

El encuentro con el Dios del fuego

El camino se le hizo corto al llegar al cerro donde, por primera vez vio nacer el fuego, hace una reverencia al lugar y continúa su camino hasta llegar a la puerta de la cueva, donde por primera vez, el Jítëbery ve la luminaria dentro y no puede más, con una emoción de alegría y fuerza interior grita hacia la cueva:

—¿Ket Chaleya?"—

Y se escucha

— ¿Estas Chaleya? —

El Dios contesta desde dentro de la cueva. El Jítëbery al escuchar la respuesta del Dios le da la confianza de acercarse poco a poco a la cueva, y va viendo alrededor del fuego donde se encuentran nuevamente las hermanas piedras vigilando el fuego sagrado y a un lado Chaleya, el héroe, el Dios que trajo ese primer fuego. El Jítëbery, al ver al Dios y al fuego sagrado, lo inspiraron tanto, hasta llorar de felicidad y alegría.

Chaleya entiende el motivo de la visita del Jítëbery y le dice:

—Antes de que tomes el fuego sagrado es importante que conozcas cómo llegó el fuego a la tierra, la historia que te contaré debe ser contada a tu pueblo para que nunca se les olvide cómo nace el fuego—.

Chaleya le pide que se acerque al fuego para que verdaderamente conozca el fuego sagrado, al sentarse al lado de las piedras guardianes, Chaleya inicia su historia: dice el gran personaje inventor de la lumbre que tuvo que ir a la guerra, y que dejó en la cueva el fuego sagrado a cargo de unas ancianas, cuando Chaleya estaba a punto de irse, brotan de sus manos dos leños incendiándose y se va, a su regreso, recibió la triste noticia de que había desaparecido la lumbrera; las pobres viejitas llorando confesaron que vino un gran coyote y apagó el fuego sin hacer otro daño, la tribu se puso a llorar y replicó que no había sido el coyote el autor del robo sino el Dios antiguo Kóköwame, solo pudieron ver los pies y la pantorrilla del Dios, también, miraron que en sus pantorrillas traía enrolladas unas serpientes de cascabel haciendo sonar sus cascabeles, todo esto rodeado de moscas, pisoteó el fuego haciendo un sonido extraño

al apagarlo aaaah, a cada pisada que daba lo acompañaba con un vigoroso y enfático aaaah, aaaah. Haciendo esto varias veces logrando extinguirlo, acto seguido, desapareció.

Chaleya exclamo: — ¡y porque no le atizaron! —

Las ancianas solo agacharon la cabeza sin dar ninguna explicación.

Al día siguiente apareció el sol, Chaleya lo recibió con los brazos abiertos, le suplicó que le diera nuevamente el fuego sagrado para alumbrar su cueva y darle el calor que necesitaban sus hijos, Chaleya quedó de pie con los brazos cruzados, bajó la cabeza y en unos instantes el sol atravesó un cristal de roca y encendió la lumbre en unas pajitas secas que estaban cerca de Chaleya; cuando subió la llamarada, se escucha un grito inmenso de la alegría y felicidad por parte de la tribu, luego llamó al caracol, y se celebró por primera vez la gran fiesta del fuego nuevo.

Fue un acontecimiento grandioso, momentos después Chaleya eleva sus plegarias al astro rey, el sol le enseña hacer fuego frotando dos leños, hay que compartir con la tribu esta enseñanza dijo el sol.

En otra ocasión el Dios Kóköwame planeó pisotear nuevamente el fuego sagrado, al enterarse nuestras hermanas piedras se reunieron como guardianas, cada una alrededor del fuego sagrado para impedirlo.

El Jítëbery escuchando la historia de Chaleya mirando el fuego sagrado, y las piedras guardianas entró en trance logrando percibir el alma del fuego y de las piedras ancestrales, las sonajas que colgaban en su cuerpo empezaron a sonar, acercó su oído a los bulis de sonajas y logró  escuchar a las piedras ancestrales que se encontraban dentro decir que tenían frío, que las acercaran al fuego para conocerlo y sentirlo, el Jítëbery acercó las sonajas al fuego sintiendo el calor, se incrementó el sonido y las sonajas cambiaron al sentir el calor del fuego sagrado.

Chaleya queda sorprendido de la manera en que el fuego saludó a las sonajas y vieron como los ancestros se saludaban y se comunicaban entre ellos. El Jítëbery habla con el fuego sagrado y le pide de favor que lo ayude en una de las encomiendas que él trae, quiere entrar al inframundo, quería ver si podía acompañarlo para cumplir con su misión de traer a seres ancestrales que podían volver a la vida al gran espíritu, el fuego decide acompañar al Jítëbery en su misión. Chaleya y el Jítëbery planean la forma de sacar el fuego, salieron al monte a discutirlo, estando en esto, un ancestro del Juya Ánia, le habla y decide ayudar, le dio la idea y fue la hermana pitahaya, le dice:

—Corten uno de mis brazos y quiten sus espinas para que, dentro de este, guarden al fuego sagrado—.

Chaleya y el Jítëbery estuvieron de acuerdo e hicieron lo que la hermana pitahaya propuso, luego hicieron una reverencia a la hermana pitahaya y cortaron uno de sus brazos haciendo un agujero en este, acercaron el brazo de pitahaya al fuego sagrado y de entre el fuego saltó una braza al agujero de la pitahaya, así protegiéndolo y preservando

su calor, el Jítëbery con lágrimas de alegría, agradece a Chaleya por su apoyo y sabiduría. Antes de partir el Jítëbery, el Dios Chaleya le dio el secreto de cómo utilizar el fuego, le dijo también qué es el humo y le enseñó a utilizarlo como medio de comunicación con los dioses y con sus hermanos yoremes, diciéndole que, en él, pueden depositar sus plegarias y el humo las llevará a sus dioses.

Al terminar de hablar el Dios lo saluda y el Jítëbery hace una gran reverencia a Chaleya, a las piedras guardianas, al humo y al fuego sagrado. El Jítëbery se lleva el fuego sagrado necesario para entrar al inframundo, sale de la cueva y continúa su camino de regreso.

— ¿Cómo ves esta historia? —

Le pregunta el abuelo a su nieto. El niño con la mirada extraviada por la historia narrada por el abuelo, se dirige a él y dice:

— ¿Quiere decir que el rostro que vi asomarse entre el fuego es el rostro de nuestro amigo Chaleya? —

El abuelo contesta:

—Jëwi ili usi—

El niño pregunta:

— ¿quiere decir que, este fuego se lo debemos a Chaleya?—

Jëwi, afirma el abuelo. El niño sigue preguntando:

— ¿Por qué no son referidas estas epopeyas en mi escuela? —

Porque son tomadas como mentiras, pero déjame contarte una cosa más antes de que se me olvide.

Con este fuego nuevo desaparecieron los fríos, los niños dejaron de llorar en los duros tiempos del invierno; cuando caía la nieve frente a la cueva, en la entrada, aullaban las fieras queriendo derribar el débil muro de piedra, después de esto, hubo luz y calor, se pudo cocinar por primera vez el alimento; recibieron del fuego protección, comodidad y seguridad; en aquel momento maravilloso, el fuego formó y unió a la familia yoreme. La primera fogata fue el primer centro de reunión para cocinar, tomar calor, planear, negociar y compartir historias.

En aquel tiempo el templo del Dios Chaleya era redondo como el astro rey, en el centro, rodeado de piedras en forma circular, se encontraba el fuego sagrado, cada yoreme que ingresaba al templo dejaba su ofrenda echándola al fuego; algunos yoremes ofrendaban piedras, otros compartían un poco de su comida, otros lanzaban su propia sangre al fuego, otros daban animales, agua, tierra, pertenencias personales, collares, flechas, plumas, etc. Un día una mujer soñó que Chaleya le pedía una ofrenda hecha de maíz, en el sueño le reveló como hacer esa ofrenda sagrada. Chaleya le enseñó paso a paso como trabajar el maíz sagrado y la forma como debía hacer esta ofrenda, y el Dios le decía:

—Ve al tajkari— (tajkari, que quiere decir casa del sol o casa del fuego).

Cuando despertó, esta mujer contó a su pareja el sueño sagrado, después fueron con el Jítëbery de la tribu para contar el sueño, el Jítëbery escuchó e interpretó el sueño a la pareja, esta mujer realiza los pasos que el Dios le reveló, al terminar su proceso, la pareja lleva la ofrenda al templo de Chaleya, el Jítëbery los acompañó, al entrar los tres al templo el Jítëbery se adelanta, llega a la puerta del templo, se dirige al fuego y le pregunta:

— ¿Ket Chaleya? —

Un momento después el fuego respondió encendiéndose maravillosamente, la mujer que trae la ofrenda en sus manos tiene una visión y deja su regalo en una de las piedras guardianas diciendo:

—Aquí está tu ofrenda mi señor—.

El Jítëbery mira cómo sale del fuego Chaleya y habla a los presentes diciendo:

—Este es mi pueblo tan amado, quiero regalar a mi pueblo esta ofrenda hecha por esta hermosa mujer que escuchó mis palabras en sus sueños, esta ofrenda alimentará a mi pueblo, lleven esta ofrenda a mi pueblo y díganle quién la está regalando, díganle a mi pueblo de donde salió y así se ha de llamar tajkari porque salió de mi templo—.

Así fue dicho por el Dios y así fue hecho por su pueblo.

— ¿Abuelito, te refieres a la tortilla? — Pregunta el niño. Jëwi, contesta el abuelo serenamente. En ese tiempo fue una época feliz en la que había sacerdotes para el fuego y sacerdotes para el sol, sacerdotes que atizaban el fuego sagrado e interpretaban la voluntad de los dioses, el sacerdote estaba autorizado para apagar el fuego sagrado y lo tenía que hacer con sus pies descalzos, pisoteándolo de forma ritual y ceremonialmente, recordando aquel acto mítico hecho por Kóköwame, Dios de la muerte, como señal de cerrar un ciclo para abrir uno nuevo. Chaleya enseñó estas cosas que el padre sol le mostró, para medir los tiempos y los ciclos.

— ¿Nieto, ves el fuego que esta frente a ti? —, pregunta el abuelo:

El niño mueve su cabecita en señal de sí. El abuelo le dice:

—Este fuego es testigo de muchos hechos ocurridos a nuestra Nación Yoreme, en este fuego hay muchas historias narradas en su presencia, este fuego es sagrado y tiene guardado muchos secretos de nuestro pueblo, sueños, dolores, esperanzas, cuentos, historias, mitos olvidados y mucho más: solo el fuego tiene resguardados en su alma el recuerdo de todos estos hechos—.

¿Qué tantas historias contaron nuestra Nación Yoreme en presencia de este fuego sagrado?, ¿Quién podrá sacar estas historias de ahí?, ¿Quién podrá narrar estas historias que solo el fuego conoce?, ¿Cómo se podrán arrebatar?

El niño mira al fuego y le da la importancia que le daban en aquel tiempo, ahora lo ve de una forma sagrada. El abuelo Mariano Buichía deja que su nieto asimile la historia, dejándolo un rato en ese trance; poco después, el abuelo le pregunta a su nieto:

— ¿continúo o aquí paramos con la historia? —

El niño estoicamente sonríe y contesta:

—Abuelito continúa contándome tus historias, que estoy muy inquieto por comprender más a mis antepasados—

El abuelo continuó contando el caminar de aquel Jítëbery que fue por el fuego sagrado para poder entrar al inframundo.

De nuevo al inframundo llevando el fuego sagrado

Al llegar a la puerta del inframundo, el Jítëbery se sienta a descansar por un momento, sorprendentemente llega Yöyomoli, la gran madre hormiga y saluda al Jítëbery animándolo a continuar con su tarea, el Jítëbery toma sus sonajas y la pitahaya donde trae el fuego sagrado, camina rumbo a la puerta del inframundo para ver si se encuentra el gran ofidio vigilante de las puertas del inframundo pero descubre que no se encuentra, toma aire y hace sonar las sonajas, abriéndose la puerta, se introduce al inframundo, estando dentro deja de sonar las sonajas para que se cierre la puerta, la oscuridad se viene encima, el Jítëbery saca la pitahaya portadora del fuego, al quitar la tapa, la luz del fuego sagrado empezó a alumbrar.

El fuego habla y le dice al Jítëbery que junte unos palos secos y que se los eche encima de él para poder hacer su trabajo que es alumbrar, el Jítëbery obedece juntando unos palos y raíces secas, saca la pequeña braza y la lanza al suelo, encima pone los palos secos, el fuego por primera vez revelaba ese inmenso mundo que se encuentra en el inframundo, al ver el Jítëbery que el fuego sagrado crecía, el inframundo muestra sus secretos; el Jítëbery comenzó a ver cosas que aún no comprendía, lo primero que aparecieron fueron las piedras ancestrales y se acercaron al fuego a tomar calor, y a su vez vigilarlo, posteriormente, las almas ancestrales hicieron su aparición. Aquel miedo que sintió por primera vez al entrar en ese mundo oculto, con el fuego que llevaba «desapareció esa emoción de temor», al ver claramente lo que se encontraba ahí abajo, las almas ancestrales saludaron, el Jítëbery hizo una reverencia a sus antepasados, estos antepasados al ver el fuego al igual que las piedras hicieron rueda al fuego sagrado.

Preguntaron ¿Cómo llegó a sus manos ese material sagrado? Porque éstos no conocían el fuego, el Jítëbery les habló de la historia de cómo Chaleya había traído al fuego a la tierra, las almas ancestrales mirando al fuego preguntan:

— ¿Ket Chaleya? —

De entre el fuego asoma el rostro de Chaleya saludando a las almas de los ancestros, las cuales lanzaron un grito de gran júbilo y alegría al ver a Chaleya. Al conocer al fuego las almas ancestrales preguntaron al Jítëbery el motivo de su visita y éste le habla de su intención.

Al estar este Jítëbery dentro del inframundo en compañía del fuego y de los espíritus ancestrales, escucha un ruido que viene de la parte interior más oscura, y ve en la vislumbre el rostro del Dios de la muerte Kóköwame, al verlo, el Jítëbery toma una vara con fuego y camina hacia donde se encuentra Kóköwame, al ver la intención, el Dios se aleja de la luz del fuego, el Jítëbery lo persigue en ese vasto mundo. Instantes después de la persecución el Jítëbery se percata de un sonido especial de cascabeles lo que alentó su paso y pudo advertir que se encontraba cerca un nido inmenso de serpientes de cascabel.

Se sorprendió al ver pasar al Dios de la muerte por entre las serpientes, las serpientes que el Dios de la muerte traía en sus pantorrillas enredadas eran las madres de todas las serpientes que estaban en el inframundo, el Jítëbery tuvo que detener su camino en el límite donde se encontraba el nido de serpientes, y el Jítëbery le grita a Kóköwame que necesita de su ayuda, Kóköwame le responde desde las tinieblas que solamente cuando cruce ese camino y llegue a su casa podría pensar si decidía ayudarlo, entonces, este supo que tenía que pasar el camino del nido de serpientes para llegar a los aposentos del Dios de la muerte y pedirle el apoyo de la rana, el sapo y la tortuga, que estos son aliados del Dios porque sabían cómo devolver el alma del venado y de la naturaleza.

Al comprender la situación el Jítëbery da la media vuelta pensando en como hacerle para cruzar aquel camino que solo lo llevaba a la muerte, pensaba que tal vez era necesario morir mordido por esas serpientes y llegar a los aposentos de la muerte y poder cumplir con ese destino. Regresa muy pensativo a donde se encuentran las almas ancestrales alrededor del fuego sagrado, los ancestros ven al Jítëbery muy pensativo y le preguntan, —¿qué piensas?— El Jítëbery les comentó lo ocurrido anteriormente, de entre las almas de los ancestros se levanta una voz en presencia del fuego y las demás almas ancestrales, —recuerda una historia narrada por los más ancianos que vivieron en el principio de los tiempos, que la serpiente de cascabel antes de ser serpiente era humana y tenía una hermana gemela, las gemelas fueron trasformadas por el padre sol, una en serpiente de cascabel y la otra hermana en mariposa cuatro espejos— al terminar su narración dijo el alma ancestral al Jítëbery: —creo que debes ir a buscar a la mariposa cuatro espejos para ver cómo nos puede ayudar para que puedas llegar al recinto del Dios de la muerte—. El Jítëbery emprende su camino a buscar a la mariposa cuatro espejos, saluda a las almas ancestrales del inframundo encargándoles el fuego sagrado, luego descuelga sus sonajas mágicas las hace sonar y las puertas abren paso al gran Jítëbery.

Creación de los ténabaris

Al salir del inframundo, el Jítëbery es saludado por la hormiga Yöyomoli, el Jítëbery cae de rodillas cansado y frustrado, sin conseguir aún nada, viendo que la naturaleza se está secando cada vez más le comenta a Yöyomoli la nueva tarea que hay que realizar, es encontrar a la mariposa cuatro espejos, la hormiga le dice dónde encontrarla fácilmente y más que buscar a la mariposa hay que buscar a una planta llamada «sangrengado» que es donde ella siempre se encuentra.

El Jítëbery recordó conocer esa planta y emprende su camino de corta distancia hacia donde se encontraba ese árbol, al llegar al árbol no ve a la mariposa, sólo ve unos huevecillos colgados del árbol y se sentó a esperar a la mariposa, de pronto el árbol de sangrengado saluda al Jítëbery y le pregunta:

— ¿Qué haces aquí? —

El Jítëbery con mucho esmero narra la historia del por qué está en ese lugar y a quién espera, el árbol escucha toda la historia y entonces le hace saber que la mariposa a la que esta buscado se encuentra dentro de ese capullo que cuelga de sus ramas, solo hay que esperar un momento, ya está a punto de salir, y que suerte la tuya que llegaste en el momento correcto, cuando la mariposa está a punto de salir de su capullo.

El Jítëbery llora de emoción al ver a la mariposa, al ir saliendo de su capullo y estirar sus alas, el Jítëbery se presenta ante la mariposa haciendo una reverencia y le manifiesta todo lo que está pasando, que las almas ancestrales le revelaron que era hermana gemela de la serpiente de cascabel, y quería ver cómo le podía ayudar en la tarea de cruzar ese camino lleno de serpientes. La mariposa escuchó y dijo estar dispuesta a ayudarlo, le ofrece su capullo como materia para burlar a sus hermanas, la mariposa cuatro espejos da su secreto al Jítëbery, solo ocupaba piedras sagradas sacadas por las hormigas, los ojos del Jítëbery brillaron al recordar a Yöyomoli.

La mariposa le revela que necesitaba formar dos serpientes con puros capullos, una para cada pie y dentro de estas colocara piedritas sagradas y enredara esas serpientes hechas de capullos en sus piernas y moviera sus piernas hasta imitar el sonido de la serpiente de cascabel.

— Una cosa más—, dijo la mariposa:

—Mientras permanezcas en el inframundo en ningún momento te quitarás esas serpientes hechas de capullos, porque serías mordido por mis sobrinas, las serpientes—.

La mariposa cuatro espejos regala al Jítëbery muchos capullos vacíos, el Jítëbery con respeto hace una reverencia a la mariposa por ayudar a la nación a devolver el alma al mundo yoreme, toma los capullos y el camino de regreso.

Último retorno al inframundo

Al llegar a las puertas del inframundo Yöyomoli ya lo estaba esperando con un puñado de piedritas sagradas, sin perder el tiempo el Jítëbery inicia su labor, hace dos serpientes hechas de capullos.

Cuando las termina se enreda las serpientes hechas de capullo, una en cada pierna, practica moviendo las piernas hasta lograr imitar el sonido de la serpiente de cascabel, al escuchar ese sonido tan especial que salía de sus piernas a través de los capullos, obtuvo fuerza para poder continuar su camino; se dirige nuevamente hacia la puerta del inframundo, descuelga sus sonajas y las hace sonar, inmediatamente las puertas del inframundo abren paso, el Jítëbery entra encontrándose con una parvada de almas ancestrales alrededor del fuego, las almas al verlo lo recibieron con júbilo y le dieron su apoyo y su fuerza. El Jítëbery se acerca a las almas alrededor del fuego, agradeció a todos los ancestros que estaban detrás de él, ahí se dio cuenta que no estaba solo, sabía que iba hacia la muerte y posiblemente no volvería, pero lo tenía que hacer irremediablemente, «agradeció a todos».

Las almas de los ancestros preguntaron al Jítëbery acerca de los familiares que aún estaban vivos, éste reconoció a algunos que ya habían emprendido el viaje al otro mundo y les respondió acerca de la situación de los familiares, algunos de ellos le hicieron saber al Jítëbery que querían salir del inframundo para ir a visitar a sus familiares vivos, pero que Kóköwame no se los permitía, ahora que vas a ir a ver al Dios, procura hacer algo por nosotros tus ancestros, al menos que nos permita salir a visitar a nuestros familiares ya que los extrañamos mucho aquí donde estamos. El más anciano se acerca al Jítëbery y le susurra al oído algunas otras propuestas.

El Jítëbery solo respondió:

—Voy a ver qué es lo que puedo hacer, pero les aseguro que les traigo una noticia, créanmelo—.

Las almas de los ancestros soltaron un alboroto con gritos y alaridos por la respuesta del Jítëbery para darle fuerza y apoyo en su tarea. Antes de partir pide permiso a Chaleya en el fuego sagrado, toma una rama ardiente y emprende su camino hacia la casa de Kóköwame alumbrando el camino. Al llegar a la orilla donde se encontraban las serpientes comenzó a mover los pies para imitar el sonido de las serpientes, en ese momento, toma consciencia del poder que trae consigo, viendo que las serpientes permanecen quietas, entonces, toma el leño de fuego con la boca para poder tomar con sus manos las sonajas mágicas, apoyando el sonido de éstas con el que surge de los ténabaris al movimiento de los pies; con esto, ve cómo las serpientes abren una brecha. El Jítëbery crea una danza con sus movimientos brincando entre las serpientes, al parecer, así se comunicaban sus pies haciendo el sonido de los cascabeles, las serpientes reconocieron el sonido de otra serpiente de cascabel y así, paso a paso el Jítëbery fue atravesando ese camino lleno de serpientes.

Sin darse cuenta cuánto tiempo utilizó para atravesar el nido de serpientes, llegó a los terrenos de la muerte que lo estaba esperando observando todos los afanes que realizó el Jítëbery, llegó a un lugar tranquilo y en silencio donde sintió la presencia de Kóköwame, el Jítëbery lo ve de reojo muy cerca de su espalda, siente miedo y huele un fuerte olor a flores, toma consciencia del poder del Dios, se calma y hace una reverencia a Kóköwame que lo recibe con agrado y respeto por la hazaña lograda, Kóköwame lo invita a pasar, el Jítëbery empieza a sentirse liviano, el dolor se ha ido de su cuerpo, lo pesado del cuerpo se va, la presión que sentía se va, siente una desmedida paz interior y siente una fuerza interna como de un joven en toda su plenitud.

Kóköwame sonríe al ver al Jítëbery como se va recuperando y le dice:

—Esto que sientes en estos precisos momentos es lo que yo la muerte te estoy dando—, le pregunta:

— ¿Qué se siente estar muerto? —

El Jítëbery sorprendido, al escuchar a Kóköwame como una voz de ultratumba con mucho poder, en seguida se pregunta así mismo ¿Estoy muerto?... Kóköwame lee sus pensamientos y le dice:

—Solo un verdadero Jítëbery será capaz de entrar y salir de éste mi mundo—.

El Dios toma asiento en su trono hecho de puros huesos y le pregunta:

— ¿A qué vienes?, ¿Qué es lo que quieres de aquí de mi mundo?, ¿Acaso buscas en mi mundo lo que no has perdido? —

El Jítëbery se sienta al lado del Dios de la muerte y le dice:

—Vengo por el alma del Dios venado—

Kóköwame le pregunta:

— ¿Para qué quieres el alma de ese Dios?—

El Jítëbery responde:

—Para devolverle el alma a las plantas de nuestro mundo, se está muriendo y ocupamos devolver a la vida al Dios venado que trae fertilidad a las plantas, así mismo los animales que se alimenta de esas plantas y por igual, nosotros los humanos, nos estás condenando a morir, si esto sigue así, muy pronto la vida en nuestro mundo dejará de existir— Kóköwame replica:

—Eso les pasa por olvidarse de todos nosotros, los demás dioses y yo matamos al Dios venado porque se olvidaron de nosotros que también somos importantes para dar vida a este mundo donde viven—.

El Jítëbery le pregunta: — ¿qué debemos hacer nosotros? —

Kóköwame responde:

—Nunca se les olvide quienes somos sus dioses, que ejercemos poder entre los hombres y la creación del mundo. Cada uno de nosotros colaboró con una parte de esta creación que ustedes los humanos disfrutan—.

El Jítëbery hace una reverencia poniéndose de rodillas ante Kóköwame y le dice:

—Somos humanos y cometemos muchos errores, uno de tantos errores fue dejar de lanzar las plegarias y dar ofrendas a todos nuestros dioses y olvidarlos—

Está bien dice Kóköwame, les vamos a regresar al Dios venado pero con una condición, «que nunca más se olviden quienes son sus verdaderos dioses creadores de la Nación Yoreme», sólo así les habremos de decir como regresamos al Dios venado a sus vidas:

— ¿Cómo vez? — le pregunta Kóköwame.

De rodillas el Jítëbery con la cabeza inclinada ante el Dios, contesta:

—Jëwi—

Al momento, Kóköwame llama a todos los dioses para que cada uno de ellos regrese al Jítëbery las partes que le tocó del venado, los dioses van haciendo su aparición, llegan Birisëwa y Bäyrubi juntos, enseguida llega solo Öwraba el Dios de la guerra, después llegan juntas Bämusëwa y Sëwatoba, luego aparece Chaleya, Yöyomoli, y por último el Dios Sujjen.

Al estar todos los dioses reunidos Kóköwame habla sobre lo que el Jítëbery hace en su presencia y les dice: viene para devolver a la vida al Dios venado porque las plantas y los animales del mundo yoreme están perdiendo la vida y quieren regresarlo para devolver la vida a las plantas. Los dioses responden al unísono:

— ¿y nosotros que ganamos...? —

El Jítëbery responde:

—Ser recordados por siempre por la Nación Yoreme como nuestros dioses lanzando sus plegarias con sus respectivas ofrendas —.

Los dioses se miraron unos a otros y manifestaron estar de acuerdo, el primer Dios en acercarse al Jítëbery fue Öwraba, sacó la cabeza del venado y se la amarra encima de la cabeza al Jítëbery de una forma ceremonial, Kóköwame a su vez, atraviesa un hueso en su nariz para que recuerde siempre al Dios, también se  quita una serpiente de cada pierna y las enreda en cada una de las piernas del Jítëbery las cuales trae cubiertas de ténabaris, diciéndole:

—Nunca se te olvide quién te entregó esa indumentaria sagrada—.

De lejos Yöyomoli le dice:

—Recuerda siempre quien te ayudó a entrar al inframundo con su conocimiento—

El Jítëbery agachado mueve su cabeza en señal de estar de acuerdo, se acerca la otra Diosa diciendo:

—Yo soy Bämusëwa, Diosa del agua, te obsequié esos bulis que traes como sonajas—,

Posteriormente Bäyrubi y dice:

—Te hago entrega de esta rana y este sapo, de igual manera esta tortuga que sabe dónde se encuentra el corazón del venado, la sueltas en el mar y ella va por el corazón del venado que se encuentra en el fondo, el canto del sapo y de la rana no solo atraerán el agua sino el alma del gran espíritu, el primer hijo del sol y recuerda siempre quien te obsequió todo esto y a quienes representan—.

Jëwi, contesta el Jítëbery, Kóköwame le hace una aclaración al Jítëbery:

—Estos hermanos que Bäyrubi te entregó también son mis sirvientes, de hoy en adelante, el sapo, la rana y la tortuga son los que se van a encargar de guiar el alma de los yoremes al inframundo sagrado, a cada uno de los guerreros y guardianes de las tradiciones ancestrales, a cada gobernador, kobanahua, músicos y danzantes yoremes, cuando mueran, estos son los que se van a encargar de guiar el alma a mi mundo—.

El Jítëbery contesta:

—Jëwi— confirmando con su cabeza agachada.

Al terminar Kóköwame de hablar, se acerca Birisëwa con los huesos preciosos y le dice: esas muescas que tienen los huesos yo se las hice, en eso toca al Jítëbery y con ese toque le trasmite de manera telepática como debía utilizar esos huesos, esta Diosa se retira. La Diosa Sëwatoba que trae en su oreja una flor de toloache, se acerca al Jítëbery y le pone unos aretes en sus orejas, un collar hecho de caracoles, piedras y conchas pequeñas, además le pone una falda, en señal de que las Diosas madres le dieron esa embestidura, también le obsequió la energía y belleza de la mismísima Diosa de la belleza de la Nación Yoreme diciéndole:

—Siempre te verán hermoso, te doy la atracción que se necesita para atraer a tus hermanos hacia ti cuando estés representando al Dios venado—

Y se retira para dar paso al Dios Sujjen que no tiene nada que ofrecerle, pero en ese momento Kóköwame le entrega a este Dios el cinturón hecho de plumas de zopilote; al tomarlo se dirige al Jítëbery y le pone este cinturón hechos de plumas de zopilote, ahora sí, le dice este Dios, tienes el poder de volver a la vida al Gran Espíritu, primer hijo del sol.

En ese momento, nuevamente se acerca Birisëwa, toca los cuernos de la cabeza del venado y dice:

—Ahora sí podrás volver a la vida... pero antes de volver con tus hermanos yoremes debes recordar todo lo vivido y trasmitir esto a tus hermanos—.

En ese momento todos los dioses presentes hicieron un círculo alrededor del Jítëbery, poniendo una mano sobre la cabeza del venado y del Jítëbery, trasmitiendo consigo el Yöania de los dioses, con ello las plegarias que la Nación Yoreme debe aprender para atraer a sus vidas al gran Dios venado, al recibir ese conocimiento este Jítëbery entra en un trance muy especial que lo llena de fuerza y sabiduría.

Ataviado como un guerrero-Jítëbery, ya reunidos todos los instrumentos mágicos y con el conocimiento adecuado para devolver el alma al mundo yoreme, es bien visto por todos los dioses.

En eso habla Öwraba: es importante que realices un ritual cuando un Yoreme haya muerto y para que el padre sol pueda saberlo van a tirar siete flechas confeccionadas con plumas de águila al sol en el atardecer, para que de esta manera el padre sol este por enterado del fallecimiento. El Jítebery lo escucha con mucha atención.

Bäyrubi también habla y dice: "es importante que al inicio de cada ceremonia Yoreme, se lancen siete flechas al amanecer, para darle a conocer al padre sol que se está llevando a cabo una ceremonia en su honor".

El padre sol, al escuchar estas palabras sonríe dando su aprobación.

El niño, al escuchar la historia que está contando su abuelo, con ojos de asombro le dice: yo no he visto que se lleve a cabo el ritual de tirar las flechas al padre sol al iniciar la fiesta, ni cuando muere alguien.

El Abuelo le contesta: así es mi niño, esos rituales dejaron de realizarse a la llegada del hombre blanco a nuestras tierras, las cosas han cambiado en lugar de flechas ahora son cuetes, no sé si te diste cuenta de los cuetes que prendieron y tronaron.

Mientras el niño se daba cuenta cómo es que cambiaron las ceremonias, su mente se fue al pasado, imaginando como es que lanzaban aquellas flechas, en eso el abuelo voltea a ver a su nieto y logra ver lo que se está imaginando en ese bello pasado y lo deja un rato para que asimile lo narrado.

El abuelo lo interrumpe y le dice: bueno mi niño te sigo contando, el nieto asienta con su cabeza para darle pie a su abuelo y que siga contando sus historias y así el abuelo continúa.

El Jítëbery, antes de iniciar su camino de regreso a la vida, pregunta a los dioses, en especial a Kóköwame:

— ¿Qué piensan hacer con todas las almas que se encuentran en sus terrenos, todas estas almas de difuntos?

—Kóköwame: ¿Por qué lo dices? ¿A dónde va tu pregunta?

—Jítëbery: pasa que, estando con las almas de los difuntos, antes de llegar aquí, ellos me hicieron una propuesta para que se la planteara a usted.

—Kóköwame: ¿Cómo cuáles?

—Jítëbery: algunos quieren volver a ver a sus familiares que están vivos, otros quieres ser devueltos a la vida, otros quieren ser aves, otros, plantas, animales, piedras etc., incluso hay algunos que quieren volver a la vida con un nuevo cuerpo.

—Kóköwame: ¿Por qué? o ¿Para qué?

—Jítëbery: para estar con sus familiares, hay familiares de estas almas difuntas que viven como animales, otros como plantas, piedras, aves etc. Y quieren que tú les ayudes a vivir con sus familiares, hay algunos que extrañan a sus familiares, estas almas están sufriendo en este mundo y quieren aliviar un poco ese dolor de no poder estar con su familia.

Kóköwame: reflexiona un momento… y al terminar de pensar dice:

—Creo que es justa esta petición, pero difiero la opinión de ciertas almas difuntas, que prefiero que se queden como espíritus vagando por la tierra como fantasmas por haber faltado el respeto a sus propios ancestros, por igual que vivan otros como sombras o jowsi, como castigo a sus comportamientos—.

—Por igual creo que otros merecen otra oportunidad de ser devueltos a la vida con otro cuerpo y vuelvan a vivir en la nación

Yoreme, por el tipo de vida que llevaron con anterioridad y merecen volver. Hay otros que voy a elegir guardianes y protectores—.

Voltea a ver a los demás dioses que lo acompañan, viéndolos a todos dice:

—Cada uno de ustedes elijan de entre las almas difuntas a sus espíritus guardianes, por ser buenos guerreros en vida.

En ese momento cada uno de los dioses eligen almas difuntas para ser sus guardianes, entonces cada dios, al elegir dieron poderes a estos espíritus guardianes para que tuvieran el poder de transformarse en lo que se les antojara, para poder ser espíritus guardianes. (Guardianes del agua, fuego, tierra, viento, inframundo, Juya Ánia, Yöania, humo, Sol, Luna, estrellas etc.).

—Kóköwame: en cuanto a estas almas difuntas que quieren ser devueltas a la vida como animales, porque sus familiares son y viven como animales, por igual en plantas, piedras etc. Me parece justo lo que piden y será concedido, cada vez hay menos espacio aquí en el inframundo, así liberamos un poco. Será concedida esa petición, y será al iniciar cada año cuando las plantas vuelven a disfrutar de su juventud—.

—En cuanto a algunos difuntos, lamento decirles que se quedaran así siendo difuntos, pero a estos les voy a conceder, una vez al año salir a visitar a sus familiares—.

— Solo te voy a pedir que hagan un tapanco para mí, te voy a dar las características de ese tapanco, recuerda, el tapanco es una puerta que vas abrir, ese tapanco tiene que tener una altura mínima de una brazada y por favor, las varas con las que vas a darle la altura, tienen que ser de mezquite y sin cáscara, esto es, para que las almas no se pierdan, ya que así menos se acercan mis esclavos, los Chichimimem, si haces el tapanco pequeño, mis sirvientes los Chichimimem se van a comer las ofrendas y el difunto no va poder salir—.

—Una cosa más, voy a dar permiso de que cada séptima luna nueva de cada año, las almas del inframundo salgan a ver a sus familiares para que nunca se les olvide este día que se cumple hoy, y que por igual es tu salida de aquí como la de las almas del inframundo, por favor, enséñale a tu pueblo esta alianza entre los dioses y tu pueblo—.

El Jítëbery está extasiado de todo lo que ha logrado, Kóköwame le dice:

—A ti te voy a dar un regalo—

Se acerca al oído de este, le susurra hablando del origen de la enfermedad y de las heridas, que él es el Dios de la enfermedad y la muerte, con el dedo pulgar el Dios lo toca y trasmite como debe cantar y danzar a los enfermos, así como antídotos para las enfermedades.

Kóköwame se toca sus cabellos cortándose uno, diciéndole:

—Ahí te van unos de mis últimos regalos para ti y tu pueblo, este es mi "Choni" te va a cuidar y proteger, se trasforman en animales espirituales protectores—.

En eso, Sëwatoba arranca por igual uno de sus cabellos, atorándose éste en la flor de toloache que trae sobre su oreja al desatorarlo, se lo entrega al Jítëbery diciéndole:

—Este es mi Choni mujer—. Recuerda una cosa, este Choni es muy celoso, no quiere nada a tu lado, lo quiero solo para el solo ya que es un Choni que lleva mi esencia.

Obteniendo éste un cabello hembra y macho. Kóköwame le dice:

—No los verás y sabrás que están ahí porque te chiflarán y entonces sabrás que están ahí cuidándote, solo andarán en el mundo de las sombras porque me pertenecen—.

Suelta los Choni y se posesionan en las sombras de éste para cuidarlo.

Se termina la conversación, así como el tiempo de estar ahí, se pone de rodillas y hace una reverencia a los dioses para retirarse, despierta el sapo abriendo sus ojos y tallándoselos con sus patas, ve borroso, no se da cuenta aún donde está y dice, tengo mucha hambre, no puedo con esta hambre, quiero comer algo, despierta cabalmente y observa que se encuentra en un lugar muy sombrío y sin vida, su mirada busca algún insecto para comer, pero ve que no hay nada a su alrededor.

—Tengo hambre— grito el sapo.

Los dioses lo escucharon y Chaleya, Dios del fuego, se acerca al animalito, y sonríe al verlo, mira le dice Chaleya, yo te voy a dar una comida muy sabrosa que tu nada más podrás disfrutar, ningún animal ni humano podrá disfrutarlo más que tú, en eso Chaleya le dice:

—Cierra tus ojos—, el sapo obedece.

Chaleya saca de entre sus cosas una braza ardiente y le dice:

—Abre tu hocico— y le mete la braza, el sapo la saborea animadamente y exclama:

— ¡Cosa tan más deliciosa estoy probando! —

Termina de comer, abre sus ojos el sapo dándole las gracias al Dios.

— ¿Qué me diste de comer? — Pregunta el sapo.

Chaleya: — ¿Quieres más? —

El sapo contesta: —Jëwi—

Entonces Chaleya saca otra braza ardiente y se la acerca al sapo, pregunta:

—¿Eso me diste de comer? —

Jëwi contesta el Dios.

El sapo con miedo abre su hocico y saca la lengua, el Dios le da una de esas brazas y el sapo la saborea con gusto, Chaleya vuelve a decirle:

—Tú nada más podrás comer esto—.

Chaleya le pide al sapo, — abre tu hocico y saca tu lengua—

El sapo obedece, Chaleya toca la lengua con sus dedos decretando:

— "Lo que de tu lengua salga así será" —.

Los dioses observan al Jítëbery y se miran unos a otros, Öwraba Dios de la guerra, habla:

—Qué fácil es entrar al inframundo, si esto va a seguir así, todos van a querer entrar y salir, cómo le vamos hacer— le pregunta a Kököwame quien se agacha y moviendo su cabeza en forma de aceptar lo que Öwraba comenta,

Kököwame pregunta:

— ¿Qué propones? — Öwraba mira a los demás dioses y le dice:

— ¿Qué opinan? —.

Los demás dioses se agachan y piensan... Bäyrubi inicia con su propuesta de poner dos grandes montañas chocantes cuando alguien entre al inframundo estas montañas chocantes lo descuarticen.

Todos los dioses, inmediatamente lo aprobaron. Bämusëwa propone poner en la entrada del inframundo un río grande muy profundo con aguas tormentosas y grandes remolinos, todos los demás aprobaron la propuesta de Bämusëwa, Öwraba inspirado propuso una segunda proposición, poner en este inframundo siete grandes desiertos donde el viento corta la piel como furiosas flechas, los demás dioses aprobaron lo dicho.

Chaleya sugirió poner un lago vasto hecho de fuego, los demás dioses aprobaron moviendo sus cabezas, llega el momento de Sëwatoba y sugiere que, para verdaderamente entrar al inframundo existiera un lugar, un espacio que, cuando un cuerpo, un alma, un espíritu viaje al inframundo llegue a este espacio, se le despoje el corazón de su cuerpo, el cual debe ser ofrendado a sus dioses para asegurar que muera, los demás dioses aprobaron esta propuesta.

En eso alza la voz la gran madre Birisëwa, como siempre pensando en los niños, pone un gran árbol en el inframundo, este árbol es para aquellos niños que fallecen, niños que al morir estaban siendo amamantados, este árbol de sus ramas saldrá leche para alimentar a estos pequeños, además, Bäyrubi y yo nos haremos cargo de aquellos niños huérfanos y fungiremos como padres, los demás dioses aprobaron la propuesta, y de entre lo más profundo y oscuro del inframundo sale la esposa de Kóköwame, la temible Batekom joa chiki con mucha autoridad y poder, propone que el nido de serpientes se convierta en un río ancho y profundo lleno de serpientes venenosas para que cualquier humano que intente ingresar se enfrente al verdadero inframundo y le sea imposible regresar y pueda vivir para contarlo, además, propone abrir un espacio de dolor y tormento para las almas de aquellos hombres que, en vida traicionaron no defendiendo a su nación y dieran la espalda a sus dioses, todos los dioses aprobaron con un movimiento de sus cabezas.

Kóköwame habló y abrió un espacio muy especial de paz y descanso en el inframundo para todas las almas de los Jítëberis, sacerdotes ancestrales, músicos y danzantes guardianes de la tradición, jefes y yoremes que han vivido una vida recta, que por igual se les permitirá convertirse en sombra, en animales, como aves, serpientes, coyotes, pumas, árboles, plantas etc. Dependiendo de lo que le solicite a su Dios protector y poder regresar al mundo de los vivos en otra forma.

En ese momento aparece el espíritu de la Diosa Luna, pidiendo su parte de las almas llamando a su morada el lugar de la felicidad donde irán los leprosos, los muertos por un rayo, ahogados y pidió que no quemasen a estos yoremes, sino que los enterraran. En ese momento, llega el espíritu de Itom Atchay el espíritu del gran padre, el Sol, a su llegada, los demás dioses inclinaron su cabeza, el Dios habló pidiendo y exigiendo con una voz de mando y poder solicitando que, al morir las almas de los guerreros, muertos en batalla, defendiendo a su nación y a sus dioses, guerreros cautivos y mujeres muertas en el parto, los Wuemachis sacerdotes del sol, irían a la mansión de la eterna felicidad donde el gozo no tiene límites, lugar donde habita el gran padre, la mansión del Sol.

Batekom joa chiki dice: que pasara entonces con las almas difuntas comunes, no podrán cruzar y llegar al inframundo y completar un ciclo.

—Y que propones preguntan los demás dioses —

La diosa siguiere, que cuenta con el apoyo del pueblo Zurem y que uno llamado: Butzu Uri, este construirá una balsa de carrizos para pasar a todas las almas difuntas sin daño alguno por todos los ríos de tormentos que los dioses crearon para ingresar al inframundo, ya que logren estar en el inframundo me las comeré para que puedan encontrar el descanso en mi vientre y puedan retornar a la vida si así lo desean ellas, los demás dioses quedaron de común acuerdo.

Así fue dicho y hecho por los dioses, dando reglas y formas como debía ser el otro mundo después de la muerte.

Regreso a la Nación Yoreme

Mientras tanto el Jítëbery escuchaba lo que los dioses acordaron y como perro con la cola entre la patas, sale, da la vuelta y sin voltear hacia atrás se dirige al camino de regreso con un poder ilimitado, al llegar al nido de serpientes pasa con serenidad y calma. Las madres de las serpientes que trae en cada una de sus piernas le dan sosiego, tenía que ir brincando y danzando paso a paso los pequeños espacios vacíos para no pisar y dañar a las hijas de las serpientes que lleva enredadas en las piernas.

Al salir, él siente que el alma le vuelve al cuerpo, siente el peso de su cuerpo. Se va acercando a los ancestros yoremes que aún se encuentran alrededor del fuego sagrado, al verlo ataviado como un verdadero Jítëbery, gritan de alegría y se aproximan dándole las nuevas buenas de su viaje a lo más profundo del inframundo, y les contó lo sucedido en el viaje, el líder de las almas pregunta:

— ¿Respecto a nuestro encargo? —.

El Jítëbery, se agacha muy silencioso y sonríe, con su cabeza hace una señal de asentimiento, las almas atónitas sin poder creer, el Jítëbery les dijo:

—Dios dio el permiso de salir a visitar a sus familiares, pero será el próximo año ya que sus familias tienen que hacer un tapanco para que puedan salir. Este tapanco es la puerta que sus familiares; tienen que hacer en su casa para que ustedes, por ese tapanco, logren salir a visitar a sus familiares, cuando llegue, voy a hablar con mi pueblo a dar indicaciones muy precisas de cómo hacer este tapanco—.

Las almas del inframundo se alegraron, guardando la esperanza de poder ir a visitar a su familia, el Jítëbery se despide de las almas dándole las gracias por el apoyo, al querer tomar la pitahaya para meter el fuego en ésta, se da cuenta que la perdió en el camino, entonces se le ocurre lo siguiente, saca al sapo y lo acerca al fuego, el sapo abre su hocico y una braza ardiente brinca dentro del hocico del animal, se dirige a la puerta, descuelga las sonajas y las hace sonar para abrir las puertas del inframundo, al abrirse, toma aire fuertemente y da un paso fuera de ese inframundo sagrado, trayendo consigo todo lo necesario para devolver el alma a la Nación Yoreme.

Al salir lo recibieron los espíritus del monte y las flores, con máscaras de tierra, varas y pieles de animales, animando y agradeciendo su hazaña, el Jítëbery sin perder tiempo se dirige hacia el mar, al llegar toma a la hermana tortuga y le dice:

—Por favor ve por el corazón del venado que se encuentra en el fondo de los océanos—

Cuando la soltó el Jítëbery, la tortuga le dice:

—Voy a durar tres días en regresar para que no te desesperes—.

El Jítëbery decide descansar esos tres días para recobrar fuerzas, decidió dormir.

Al estar dormido tiene sueños llenos de visiones de cómo hacer para devolver a la vida al gran espíritu, estos sueños repararon el cansancio y devolvieron el alma al cuerpo, al tercer día la tortuga regresa, inmediatamente el Jítëbery pregunta por el corazón del venado, ya que no ve que la tortuga traiga algo, la tortuga le dice que lo trae dentro de su caparazón para protegerlo; Entonces el Jítëbery toma a la hermana tortuga en sus manos y se dirige a su pueblo yoreme; ahora sí, con todo lo necesario para cumplir con su hazaña.

Llega la madrugada del día siguiente en la nación yoreme, al ir mostrándose el alba, todos los animales miran con asombro aquella alba, no hubo animal que no mirase aquel amanecer, al despertar el pueblo observan a los animales como todos miran en una sola dirección y así también el pueblo entero miran ese nuevo amanecer, sentían en su interior una fuerza interna muy grande no despegaban la vista de lo que el Itom Atchay traía consigo, cuando el Padre sol todo poderoso iba asomando en el nadir, también aparecía aquel Jítëbery que traía consigo aquella esperanza perdida a su pueblo, conforme salía el sol aquel Jítëbery se hacía más presente.

Al llegar al pueblo hizo sonar sus sonajas, al escuchar este sonido que nunca habían escuchado, el pueblo entero sintió la atracción, sin darse cuenta en un parpadear de ojos el pueblo entero se encontraba alrededor del Jítëbery, al estar ya reunido el pueblo, el Jítëbery antes de pronunciar cualquier palabra se dirige al astro rey haciendo una reverencia y dando las gracias a Itom Atchay, luego se dirigió hacia los cuatro puntos cardinales dirigiéndose a los dioses de cada uno de los puntos, igualmente haciendo una reverencia y dando las gracias, luego se postró tocando sus rodillas con el suelo, besando la tierra y dando las gracias por último. Así con las rodillas en el suelo agacha su cabeza y se dirige al inframundo dando las gracias a Dios, no debía olvidarse de ningún Dios y fue hasta entonces cuando ya pudo dirigirse al pueblo.

Habló de sus grandes odiseas, de cómo tomó cada uno de los animales: el sapo, la rana, la tortuga, la cabeza de la gran deidad, los huesos, y esa envestidura de Jítëbery-guerrero. El Jítëbery les habla de la forma en que conoció a Chaleya Dios del fuego, les muestra al sapo donde trae el fuego y al abrir el hocico este animal veían por

primera vez la mágica luz, el fuego sagrado. El Jítëbery les pide que junten leños pequeños para narrarles la historia, el pueblo acomodó los leños pequeños en el suelo y el Jítëbery echó encima la braza de esa pequeña lumbrera que traía el sapo, al echarle más leña, la lumbre se hace más grande y fuerte, «arde majestuosamente».

El Jítëbery se dirige al fuego y en presencia de la Nación Yoreme le dice:

— ¿Ket Chaleya? —

El rostro del Dios aparece entre el fuego presentándose por primera vez en la Nación Yoreme, todos los presentes estaban sorprendidos y asustados, hicieron una gran reverencia al fuego – Dios. Antes de despedirse Chaleya pidió a todos diciendo:

—Quiero estar siempre presente en cada ceremonia de la Nación Yoreme, así mismo quiero estar presente en cada uno de sus hogares, llévenme cada uno de ustedes y calienten sus hogares, tienen mi permiso—.

Todos los Yoremes junto con el Jítëbery respondieron al unísono:

- Jëwi—

Chaleya mostró una sonrisa y a la vez hizo una reverencia a la Nación Yoreme, cuando Chaleya regresa al fuego, toda la Nación Yoreme suelta una gritería de felicidad y de alegría.

El Jítëbery saca y pone al sapo, la rana y la tortuga en su lugar, éstos seguían dormidos, el Jítëbery recordó uno de sus sueños, cómo hacer para despertar a estos seres, entonces sacó los huesos con muescas del gran espíritu y los puso encima de la rana y el sapo, en eso hace su aparición el zopilote y le pide al Jítëbery que haga un hoyo en la tierra y lo llene con agua y ahí eche a la tortuga, porque solo despierta cuando está en agua, el Jítëbery hace un hoyo en la tierra y la llena del vital líquido, toma a la tortuga y la introduce en el agua, la tortuga abre los ojos. El zopilote se para encima de la tortuga y comienza a picotear el caparazón para ayudar al corazón del gran espíritu a despertar, el zopilote pega en el caparazón al ritmo del corazón y este se va despertando.

El Jítëbery pide ayuda a dos hermanos yoremes y los pone detrás del sapo y la rana y les pide que pongan encima de estos los huesos del Dios venado y que empiecen a raspar, solo cuando la rana y el sapo sintieron el rose de los huesos, la vibración que salió de los huesos hicieron que estos abrieran sus ojos, el Jítëbery escuchó que el corazón del Dios empezó a latir, al ver que la rana y el sapo despertaron ya traía el ajuar puesto excepto la cabeza de la deidad, se apresura para ponérsela, toma las sonajas mágicas y frente a éstas tres autoridades máximas, suena con una gran fe sus sonajas, observa como el alma del gran espíritu se va acercando, en el momento que la rana, el sapo y la tortuga empiezan a cantar, el alma del gran espíritu que había sido pulverizada, se unifica y posee al Jítëbery, éste se abandona para dejar que el alma ancestral del gran espíritu guíe sus pasos en su danza.

Al entrar por completo en el Jítëbery el alma ancestral del gran espíritu, por cada paso que daba, la naturaleza empezó a recobrar vida, salía hierba de la tierra infértil, con sus cuernos toca los árboles secos y estos empiezan a enverdecer regresándole el alma al mundo, llenando de flores toda la naturaleza. La vida vuelve al monte, trayendo así alimento y esperanza a nuestro pueblo.

La rana, el sapo y la tortuga, enseñaron los sones que deben ser cantados al gran espíritu para devolverlo a la vida y devolver el alma al mundo yoreme, también enseñaron a los cantantes y músicos los sones que deben cantar al difunto para guiar el alma al mundo sagrado de Kóköwame, de igual modo, para que el alma del difunto sea guiada por el camino del sol (nuestro padre) en su viaje por la bóveda celeste.

Cuando el Jítëbery devuelve el alma al mundo habla al pueblo de las buenas nuevas, les comenta lo acordado con el Dios Kóköwame que la séptima luna nueva del año próximo, las almas de los difuntos visitarán a sus familiares, Dios otorgó el permiso para salir del inframundo a las almas y que sus familiares se preparen haciéndoles un tapanco con ciertas características. El pueblo entero quedó callado y sorprendido, con alegría y nostalgia, algunos empezaron a llorar recordando al familiar que ya había emprendido el viaje al otro mundo, el pueblo no podía creer la hazaña lograda por el Jítëbery, además, habló de todo lo que los dioses acordaron, las reglas y formas como debía ser el otro mundo después de la muerte.

Una cosa más dijo:

—Traigo unos seres espirituales protectores, regalo del Dios Kóköwame y la Diosa Sëwatoba —.

Les habló del Choni protector, por último, quiero que quede asentado aquí en presencia del fuego sagrado, todos nuestros dioses deben ser venerados, respetados y recordar que sin nuestros dioses nuestro mundo se termina, recordar que cada uno de nuestros dioses dan sentido real y profundo a nuestras vidas, sin ellos dejamos de existir y de ser.

Entonces el Jítëbery recordando a Yöyomoli y a Chaleya toma un tronco de mezquite seco, hace una reverencia al hermano profeta mezquite y lo hecha al fuego, al momento de salir el humo dirige una plegaria diciendo frente a la yoremada:

—"Este es el humo sagrado, es como un cordón umbilical que nos une a nuestros progenitores, desde hoy hasta el futuro" —.

Y continúa diciendo:

— Humo sagrado, lleva estas palabras a nuestro padre Sol para que este entregue a nuestros hermanos yoremes del futuro para que nunca olviden quienes son nuestros verdaderos Dioses, rindan culto y les honren; humo sagrado, lleva este mensaje para que sea sentido por los corazones más humildes de mis hermanos, sea escuchado por los oídos más sabios, sea comprendido por los más pequeños y que en cada rincón de la Nación Yoreme se divulgue este mensaje; ve humo sagrado y alimenta con dulce miel a nuestros padre sol para que este mensaje sean semilla en el alma para no olvidar y siempre recordar—.

El humo se elevó llevando consigo aquella plegaria hacia el padre Sol... El pueblo entero escuchó al Jítëbery quedando toda la Nación Yoreme en común acuerdo; ese momento es un día que jamás olvidará la Nación Yoreme.

"Ili ussi, imi jiba a toijna i noki"

—Pequeño, hasta aquí vamos a dejar esta historia—.

Cuando el abuelo Mariano Buichía termina de decir esas palabras en lengua materna yoreme, mira a su nieto con sus ojos llenos de lágrimas, con una hermosa sonrisa y una luz que irradiaban de sus ojos, el abuelo termina diciendo:

—No cabe duda lo que decía el sabio don Juan Matuz al afirmar que, "un guerrero regresa victorioso al espíritu, tras haber descendido al infierno y del infierno regresa con trofeos. La comprensión es uno de esos trofeos"—.

En ese momento sale el chillido de un "cuete" y al estallar, se escucha un fuerte estruendo que estremeció al niño y lo sacó de ese mundo, al sentir el estremecimiento en su cuerpo recordó aquellos rayos que asustaron a los demás animales y que solo la rana logró resistir, así mismo recordó aquellas flechas que eran arrojadas al padre sol y desde sus adentros solo sonrió al recordar aquellas hazañas, en ese momento el niño lanza su mirada hacia el cielo nocturno para ver las estrellas y ve pasar por la bóveda celeste la luz de un meteorito y recordó la historia del Dios Sujjen, sus ojos y su imaginación pudieron ver al Dios, en ese momento estaban los danzantes y músicos haciendo su labor, el niño entró a la ramada viendo a los danzantes y músicos de otra forma, de la forma ancestral que un yoreme ve su mundo y se pierde entre la yoremada, llevando consigo todo ese conocimiento ancestral.

Glosario

Ake akontia: Rodéenlo
Aniabailüte: Muerto en la gran inundación.
Bä: Agua.
Bä yóoi: espíritu femenino del agua, maligno.
Bayrubi: Dios de las aguas subterráneas y el viento,
Bakot: Serpiente.
Bämusëwa: Diosa del agua.
Batekom joa chiki: esposa del dios de la muerte
Birisëwa: Diosa de la tierra
Buichía: Humo.
Chaleya: Dios del fuego
Chichimimem: Espíritus devoradores de la carne.
Choni: Cabello, Pelo (Espíritu protector).
Cobanahua: Cabeza principal.
Ili Usi: Niño.
Itom Atchay: Nuestro padre. (El Sol)
Jëwi: Sí.
Jiapsi: Alma.
Jítëbery: Chaman, Curandero.
Juya Ánia: Universo del monte (Morada de los Dioses)
Kóköwame: Dios de la muerte.
Öwraba: Dios de la guerra.
Sëwatoba: Diosa de la belleza y del Océano.
Semaluku: Colibrí.
Sujjen: Dios meteoro.
Tajkari: Tortilla.
Tapanco: Altar de muerto
Temussu: Hormiga voladora.
Wemachi: Sacerdote del sol.

Yöania: Universo.
Yöyomoli: Diosa Hormiga de la nación Zurem.

"la mayoría de los cuentos y fábulas no se hicieron para que los niños se durmieran sino para que los adultos despierten".

Juan Miguel Zunzunegui.

Made in the USA
Columbia, SC
19 February 2025